序言 PREFACE

月是故乡明

"中国梦 家乡情"丛书出版了，可喜可贺！

对家乡故土的眷恋可以说是人类共同而永恒的情感，对家乡和祖国充满热爱与牵挂，更是具有深厚文化底蕴和历史积淀的中华民族传统美德。

"乡愁是一枚小小的邮票，我在这头，母亲在那头。"台湾著名诗人余光中的《乡愁》诗曾在海峡两岸同胞心中激起强烈的共鸣。诗人把对亲人、家乡、祖国的思念之情融为一体，表达出远离故乡的游子渴望叶落归根的浓郁而又强烈的家国情怀。纵览历史长河，历代志士文人留下了多少对家乡魂牵梦萦的不朽诗篇，激励着一代代中华儿女的爱国思乡情怀。李白的"举头望明月，低头思故乡"、杜甫的"露从今夜白，月是故乡明"，无一不是抒发浓浓的思念故土之情。

民族传统文化是一条奔流不息的长河,从古至今,绵延不绝。家乡是一棵枝繁叶茂的大树,守护着我们的生命,铭记着我们的归属。而薪火相传的家乡文化则是一方沃土,拥有着最厚重、最持久、最旺盛的生命力,滋养着一代又一代的青少年茁壮成长。中国有着九百六十万平方公里的土地和辽阔的领海,山河壮丽,幅员辽阔,物华天宝,人杰地灵。不同的地域有着不同的源远流长的家乡文化,辉煌灿烂,博大精深,特色鲜明,各有千秋。

一方水土孕育一方文化,一方文化影响一方经济、造就一方社会。在中华大地上,不同地域有着不同的自然地理环境、民俗风情习惯、政治经济情况,形成了各具特色的地域文化。中国是世界上最古老的文明国家之一,有着几千年光辉灿烂的文明历史,行政区划的历史也十分悠久。从公元前688年的春秋时期开始置县,中国的行政区划至今已有2500多年的历史。作为最高一级的行政区划单位,省级行政区域的设立和划分起源于元朝。后来不同朝代和历史时期多有调整,到目前为止,我国共有23个省、5个自治区(自治区是中国少数民族聚居地方实行民族区域自治而建立的相当于省的行政区域)、4个直辖市(直辖市是人口比较集中,在政治、经济、文化等方面具有特别重要地位的省级大城市)、2个特别行政区(特别行政区与省、自治区、直辖市同属直辖于中央人民政府的地方行政区域)、此外,台湾作为一个省份,

刘玉倩·编著

中国梦
家乡情
Zhongguomeng Jiaxianqing

我爱

山东

山东画报出版社

图书在版编目（CIP）数据

我爱山东/刘玉倩编著 . —济南：山东画报出版社，2014.2

（中国梦家乡情丛书）

ISBN 978 - 7 - 5474 - 1204 - 6

Ⅰ.①我…　Ⅱ.①刘…　Ⅲ.①山东省—概况—青年读物②山东省—概况—少年读物　Ⅳ.①K925.2-49

中国版本图书馆 CIP 数据核字（2014）第 029244 号

责任编辑　李新宇
装帧设计　林静文化
主管部门　山东出版集团有限公司
出版发行

社　　址　济南市经九路胜利大街 39 号　邮编 250001
电　　话　总编室（0531）82098470　（010）61536005
　　　　　市场部（0531）82098479　82098476（传真）
网　　址　http：//www. hbcbs. com. cn
电子信箱　hbcb@ sdpress. com. cn
印　　刷　北京山华苑印刷有限责任公司
规　　格　165 毫米×225 毫米
　　　　　12 印张　40 幅图　112 千字
版　　次　2014 年 3 月第 1 版
印　　次　2014 年 3 月第 1 次印刷
定　　价　23. 50 元

也是中国领土不可分割的组成部分。这套丛书即是以省级行政区划为单元分册编写的。

这套丛书以青少年为阅读对象，力求内容准确可靠，详略得当，行文通俗，简洁流畅，注重知识性、趣味性、可读性，让青少年较为系统地了解家乡的自然环境、山川河流、资源物产、悠久历史、杰出人物、文化遗产、民俗风情、名胜古迹、经济建设……感受祖国各地的家乡之美。通过这些文化元素的熏陶，培养青少年对祖国和家乡的朴素感情，引导青少年热爱生于斯、长于斯的这片沃土，陶冶情趣，铸造性情。希望广大青少年认真阅读，汲取这套家乡文化读本中的精华，进而树立热爱家乡、热爱祖国的决心和信念，为建设家乡、建设祖国贡献力量。

（原新闻出版总署署长）

2014年2月6日

目 录 CONTENT

第一章

齐鲁大地　江山如画

　　山东，蔚蓝色大海环抱的黄土地；五岳独尊的泰山从这里崛起，承载了一代代中华儿女多少朴素美好的祈愿；九曲百转的黄河绵延数百里，从这里入海，实现了中原文化和海洋文化的交融。如今黄河仍在年复一年的向大海延伸造陆，使黄河三角洲成为共和国仍在生长的最年轻的土地。

八 壮丽的齐鲁山河

第一节　山东自然环境概述

一、地形 地貌

　　山东省地处中国东部、黄河下游，是中国主要沿海省份之一，位于北半球中纬度地带。陆地南北最长约 420 公里，东西最宽约 700 余公里，陆地总面积 15.67 万平方公里，约占全国总面积的 1.6%，居全国第十九位。境域东临海洋，西接大陆。水平地形分为半岛和内陆两部分，东部的山东半岛突出于黄海、渤海之间,隔渤海海峡与辽东半岛遥遥相对,庙岛群岛（又称长山列岛）屹立在渤海海峡，是渤海与黄海的分界处，扼海峡咽喉，成为拱卫首都北京的重要海防门户。西部内陆部分自北而南依次与河北、河南、安徽、江苏 4 省接壤。

　　就全国地势而言，山东位于中国自西向东逐次降低的三级地势阶梯中的最低一级阶梯上。按照地貌的分类原则和分类系统，地貌学家把山东划分为中山、低山、丘陵、台地、盆地、山前平原、黄河冲积平原和黄河三角洲等基本地貌类型，形成以山地丘陵为骨架、平原盆地交错环列其间的地形大势。

　　全省地貌以冲积平原和低山丘陵为主，平原约占全省面积的 63%。山地丘陵约占 34%，河流、湖泊约占 3%。平原主要分布于鲁北及鲁西，基本属构造沉降区。山地丘陵分布于鲁中南及鲁东，属构造隆起区。山东

齐鲁大地　江山如画

地貌大势总的表现为：省境中部山地隆起，地势最高，东及南部丘陵和缓起伏；北及西部平原坦荡，对山地丘陵呈半包围之势。省内规模最大的山地为近东西向横亘于鲁中的泰鲁沂山地，分水岭脊海拔多在800米左右。主峰泰山海拔1532米，为全省最高峰。蒙山山地分布于泰鲁沂山地之南，主峰龟蒙顶海拔1150米，为省内第二高峰。鲁东丘陵海拔多在500米之下，以崂山最高，主峰海拔1133米，为全省第三高峰。鲁北、鲁西平原海拔多在50米以下，为黄河泛滥平原，近代黄河三角洲为其组成部分，位于东营市境。

<黄河山东段

知识小百科

沂蒙七十二崮

在山东沂蒙山区，随处可见一些姿态奇特的山峰：它们圆形的顶部平展开阔，峰巅周围峭壁如削，峭壁下面坡度由陡到缓，这种像戴着平顶帽子的山，当地人称之为崮。

这些崮形成于距今约5亿年前，是由于地壳垂直错动，又经过几百万年的风化侵蚀，

我爱山东

逐步演变形成的。这些态势奇特宛如古城堡式的数百座崮群，遍布沂蒙大地，"一片好风光，七十二崮堪爱"。崮这种地貌形态在我国其他地方也可见到，但是像沂蒙山区这种崮群大规模的集中分布，不仅在我国首屈一指，在世界上也属十分罕见的地质奇观。

崮 >

山东省境内河湖交错，水网密布，干流长50公里以上的河流有100多条。被誉为"中华民族母亲河"的黄河自西南向东北斜穿山东境域，流程610多公里，从渤海湾入海。著名的京杭大运河自东南向西北纵贯鲁西

微山湖 >

齐鲁大地　江山如画

平原，长630多公里。其他比较重要的河流还有徒骇河、马颊河、沂河、沭河、大汶河、小清河、胶莱河、潍河等。山东较大的湖泊有南四湖和东平湖。南四湖由微山湖、昭阳湖、独山湖和南阳湖组成，总面积1375平方公里，为中国十大淡水湖之一。

　　山东半岛沿海还有众多的岛屿，这些岛屿属大陆岛类型，原来曾与大陆相连，后因地壳运动，低处部分被海水淹没，才和大陆分离，形成岛屿。这些岛屿岩石嶙峋，石壁峭立，千奇百怪，绚丽壮观，犹如碧海中的颗颗明珠。

<长岛县庙岛

二、气候特征

　　在全国气候区划中，山东属暖温带季风气候区，气候温和，四季分明。冬季受偏北大陆性季风控制，寒冷晴燥；夏季受东南海洋性季风影响，高温多雨。东部受海洋影响较大，西部内陆大陆性强。全省多年平均降水量的分布自东南向西北递减，由900余毫米至550毫米。年内降水分配不均，70%左右集中于夏季。全省气温分布自西南向东北降低，年均温

11.0~14.0℃。1月均温－4.0~1.0℃，7月均温24.0~27.0℃。全省各地历年平均无霜期180~220天，沿海及鲁西无霜期较长，鲁北无霜期较短。气象灾害以旱、涝为主，风、雹次之。旱、涝灾害几遍全省，唯东南沿海为轻。风、雹灾害因地而异：鲁北、鲁西以干热风为重，鲁东沿海间或受台风影响；冰雹灾害以山区及西北内陆多，东南沿海少。此外，鲁北沿海尚有风暴潮为害。

三、山东行政区划沿革

在战国时代，山东泛指崤山函谷关以东地区。唐和北宋时代，山东的范围缩小和东移，把太行山以东的地区称为山东。自金代以后，山东开始作为行政区的名称。元代时设置山东道。明代设置山东布政使司，辖区除包括辽东以外，轮廓已经与今日山东相近似。清代称山东省。因山东是齐鲁古国的所在地，后人又称山东为齐鲁，简称为鲁。新中国成立后的几十

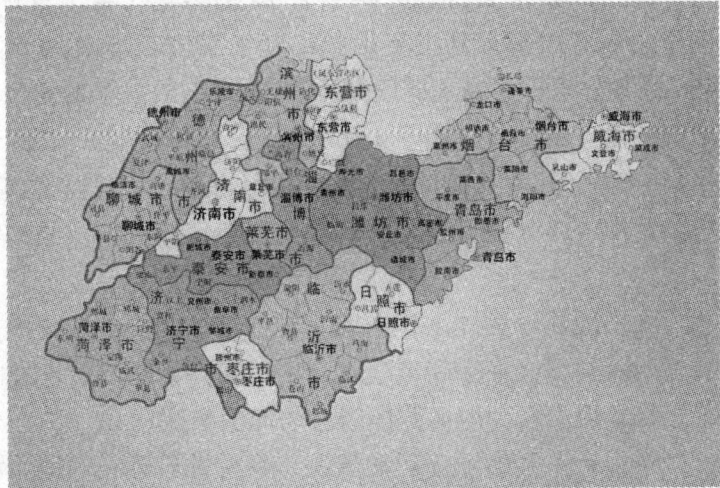

山东政区图 >

齐鲁大地　江山如画

年间，山东的行政区划曾作了多次调整。截至 2012 年年底，全省共辖 2 个副省级市，15 个地级市，县级行政单位 138 个（市辖区 48 个、县级市 30 个、县 60 个）。有济南市、青岛市、潍坊市、烟台市、日照市、临沂市、威海市、淄博市、莱芜市、枣庄市、德州市、聊城市、东营市、滨州市、泰安市、济宁市、菏泽市 17 个市。济南市、青岛市为副省级城市。

第二节　山东的山岳

一、泰山

泰山成山于太古代，距今有 24 亿多年。泰山古称岱山，又称岱宗。位于山东省中部，其主要山脉绵延于泰安、济南两市之间，总面积约为 426 平方公里，主峰玉皇顶海拔 1545 米，耸立于泰安市城区北部。泰山为中国五岳（泰山、华山、衡山、嵩山、恒山）之一。因地处东部，故称东岳，并享有"五岳独尊"的美誉。泰山山势雄伟壮丽，气势磅礴。西襟黄河，东临黄海，以其得天独厚的地理位置和自然条件，成为中国的一座历史名山。

泰山地貌分为冲洪积台地、剥蚀堆丘陵、构造剥蚀低山和侵蚀构造中低山四大类型，在空间形态上，由低而高，造成层峦叠峰、凌空高耸的巍峨之势，形成多种地形群体组合的地貌景观。

泰山有丰富的地壳运动遗迹，具有世界意义的地质科学研究价值。泰

泰山 >

山杂岩有20亿年的历史,是世界最古老的岩石之一,对研究中国东部太古代地层的划分、对比,以及太古代历史的恢复,均具重要意义。泰山西北麓张夏、崮山、炒米店一带的灰岩和砂页岩发育典型,已确定为我国寒武系中、上统的标准剖面,是古生物许多种属的命名地或模式标本原产地。泰山南部在太古界岩层上裂隙泉分布甚广,从岱顶至山麓,泉溪争流,山高水长。泉水甘洌透明,古人称为"泰山神水"。泰山北部,中上寒武系和奥陶系石炭岩岩层向北倾斜,地下水在地形受切割处出露成泉,从锦

齐鲁大地 江山如画

<泰山拱北石

绣川向北星罗棋布。北麓丘陵边缘地带，岩溶水向北潜流，受地层区辉长岩的堵截，纷纷涌露，使古城济南成为"家家泉水，户户杨柳"的泉城。泰山位于华北大平原的南北通道与黄河中下游的东西通道交叉枢纽之侧，这一独特的地理位置对泰山影响的扩大及其文化的弘扬，起了极为重要的作用。

泰山植被茂密，种类繁多，覆盖率达 90%，呈垂直分布。从山麓拾级

<泰山松

我爱山东

而上，可依次见到落叶林、阔叶针叶混交林、针叶林、高山灌木草丛，林带界线分明，植物景观各异。

泰山地区资源丰富，有煤、铁、岩盐、石膏、硫磺、蛇纹石、碧玉等矿藏，泰山板栗、核桃、肥桃、女儿茶、鹿角菜、泰山灵芝、何首乌、泰山赤鳞鱼等土特产，驰名中外。泰山花岗岩，结构紧密，质地细腻，五彩缤纷，经加工而成的红、黑、绿、花、海浪石等板材，已成为畅销国内外的高级建筑装饰材料。

知识小百科

盘古开天 东岳为首

传说，世界初成，天地刚分，有一个叫盘古的人生长在天地之间，天空每日升高一丈，盘古也每日长高一丈。如此日复一日，年复一年。经过了漫长的一万八千年，天极高，地极厚，盘古也长得极高。后来盘古慢慢地衰老了，最后终于溘然长逝。刹那间巨人倒地，他的头变成了东岳，腹变成了中岳，左臂变成了南岳，右臂变成了北岳，两脚变成了西岳，眼睛变成了日月，毛发变成了草木，脂膏变成了江河。

因为盘古开天辟地，造就了世界，后人尊其为人类的祖先，而他的头部变成了泰山，所以泰山就被称为至高无上的"天下第一山"，成了五岳之首。

二、崂山

崂山，位于青岛市东部的崂山区，距市中心40余公里。它耸立于黄海之滨，气势雄伟，山海紧错，岚光变幻，云气离合，是闻名遐迩的海上名山。

崂山形成于亿年前的白垩纪，经过漫长岁月的沧桑巨变，天工造化，在大自然的雕凿中，形成了雄伟、壮观、奇特、秀丽的地貌形态。崂山的山势，东高而悬崖傍海，西缓而丘陵起伏，山区面积446平方公里。山脉以崂顶为中心，向四方延伸，尤以西北、西南两个方向延伸较长，形成了巨峰、三标山、石门山和午山四条支脉。崂山的余脉沿东海岸向北至即墨市的东部，西抵胶州湾畔，西南方向的余脉则延伸到青岛市区，形成了市区的十余个山头和跌宕起伏的丘陵地形。

∧崂山

    崂山地貌中，最有特色的是剑峰千仞、山峦巍峨和各种奇石怪岩。崂山地貌可分为上下两层。上层是1万多年前末次冰期时形成的。当时自然环境十分恶劣，花岗岩在寒冻作用下，大块大块岩石崩裂，形成参差不齐、面貌峥嵘的山峰。下层多是1万年来冰后期形成的。此时，大海回归，雨水和地衣植物参与这种风化，将质地均匀的花岗岩由表及里一层层剥离。一些早期崩落的巨大岩块，或原来没动的岩石，遂形成一个球形巨石。若干秀峰奇石，构成了今天崂山的这种雄伟、奇特的地貌形态。

    崂山的最高峰名为巨峰，又称崂顶，地处北纬36°10′，东经120°37′，海拔1132.7米，峰顶面积约1.5平方公里，为崂山的主峰。

巨峰>

　　崂山属暖温带大陆性季风气候，四季变化和季风进退都较明显，具有雨水丰富，年温适中，冬无严寒，夏无酷暑，气候温和的特点。由于濒临黄海，受海洋的调节作用，又表现出春冷、夏凉、秋暖、冬温、昼夜温差小、无霜期长和湿度大等海洋性气候特点。崂山因受海洋影响，加之地形复杂，东部山区降水较多，空气湿润，小气候区明显。太清宫附近被誉为"小江南"，巨峰北则名为"小关东"，中部低山和丘陵区降水适中，形成半湿润温和区。

三、沂山

　　沂山是沂蒙山主脉之一，古称"海岳"，又有"东泰山"之称，位于沂水县和临朐县的交界处，海拔 1032 米。主峰玉皇顶的周围，环绕着 29 座不同姿态的山峰，气势雄伟，逶迤百里。

　　沂山是一座历史悠久的文化名山。古人称它"巍嶷磅礴，与岱埒尊，表镇东方而萃秀，实齐东之巨镇也"。据《汉书》记载，济南人公玉带"请武帝封之东泰山"，居中国五大镇山之首。素享"泰山为五岳之尊，沂山

　　　　　　　　　　　　　　　　　　　　　齐鲁大地　江山如画

为五镇之首"的盛名。主峰玉皇顶海拔 1032 米，被誉为"鲁中仙山"。

　　沂山独居鲁中，群山起伏，绵延数百里，跨居临朐、沂水、沂源、安丘四县，地势险要，不仅是沂、沭、弥、汶四条河流的发源地，而且是历代军事要冲。战国初期，齐国依山势修筑的长城遗址尚在。

∧沂山

　　在临朐境内有大关水库、沂山水库、冶源水库、沙沟水库，水利资源比较丰富。

　　沂山以花岗片麻岩为主，砾岩较少，风化好，母砾疏松，厚达 80 厘米以上，发育在该母质上的土质类型为山地棕壤。根据机械组成分为砾质粗骨土、砂壤土；其中砂质为主，在山脊有砾质粗骨土，阳坡平坦处为壤土。

　　沂山气候比较好，属于温带季风气候，森林覆盖率达 98.6%，为山东省之最，植物种类繁多。据统计，共有 137 科，480 属，1000 余种。以松类、刺槐、栎类为主要树种，还有水榆、花楸、三桠乌药等珍贵树种。沂山自然资源丰富，空气负氧离子含量高达每立方厘米 8.9 万个，是得天独厚的"天然氧吧"。

沂山百丈崖瀑布＞

四、蒙山

　　蒙山，古称东蒙，总面积 1125 平方公里，横亘于山东平邑蒙阴一带，西接泰岱，东面一直伸展到沂水县境，周围约 200 余公里。巍巍蒙山，气势磅礴，风光秀丽，集众多名山优势于一身，雄、奇、险、秀、翠、幽，素有"七十二主峰，三十六洞天"之说。其中龟蒙、云蒙、东蒙三座主峰，峭拔挺立，秀出天外，而以龟蒙顶为最高。龟蒙顶海拔1156米，因其状如神龟伏卧云端而得名，给人以神秘奇幻的感觉。龟蒙顶仅次于泰山，为山东第二高峰，被誉为"岱宗之亚"。"孔子登东山而小鲁"中的东山即指龟蒙顶。

蒙山四季分明，雨量充沛，土质肥沃，植被茂密。现有各类植物1200多种，古、珍、特树种繁多，森林覆盖率高达90%，1998年3月，经环境评价部门测定，蒙山空气中的负氧离子含量为220万个／立方米，被誉为"天然大氧吧"、"森林浴场"，为休闲、疗养提供了得天独厚的条件。

蒙山这座历史文化名山，很早就见于我国古籍。《禹贡》就有"蒙羽其艺"的记载。《诗·鲁颂·閟宫》的作者奚斯，在夸赞鲁国的国威时说："泰山岩岩，鲁邦所瞻。奄有龟蒙。遂荒大东。"他把拥有泰山和龟、蒙，当作鲁国的骄傲。西周初期，成王还专门封颛臾于蒙山之阳，附庸鲁国，主祀蒙山，说明蒙山当时已是一座名山。

蒙山山区早在商周时期文化就很发达，被称"钟灵毓秀之地"。几千

<蒙山

年来，这里一直为文人骚客帝王官吏所瞩目。他们或者登山探胜，或者隐居躬耕，或者远眺欣赏，留下很多文物、遗迹和华美的诗章。

∧四季蒙山

第三节　山东的河流与湖泊

一、黄河

黄河是我们祖国的第二大河，它从青海巴颜喀拉山脉发源，由涓涓细流，汇聚沿途众多支流，形成一条壮阔雄浑的大河，奔腾穿越九个省区，最后在我省垦利注入渤海。现在我省行水的黄河河道，为清朝咸丰五年（1855年）河南兰考铜瓦厢决口改道北流的河道。滔滔黄河自河南入我省境内，流经菏泽、济宁、泰安、聊城、济南、德州、滨州、淄博、东营等地市，行程六百余公里。

我省黄河属于下游河段，河道上宽下窄。就大河而言，黄河水量并不算多，然而，含沙量却十分惊人。古人说黄河"一石水六斗泥"，并非夸大之词。如此之多的泥沙，年复一年地填海造陆，造就了广阔的华北平原，由此可以想见下游河床淤积的程度。由于淤积严重，河床逐年升高，水位随之抬高，堤坝也相应不断加高。河床较背河地面高出几米到十几米，黄河因此成为世界著名的地上河。

山东黄河沿岸建有堤防1400余公里，千里长堤随黄河之水蜿蜒曲折，宛如水上长城，横亘于齐鲁大地，颇为壮观。

随着黄河流域的开发和工农业生产的发展，黄河水陆交通日益发展。由于黄河淤沙严重，河床加宽，给黄河南北两岸的交通带来不便。中国的桥梁建设者们用自己的双手在黄河上建起了一座又一座规模宏大、气势磅

<黄河

我爱山东

黄河入海口 >

磡的大桥，创造了桥梁建设史上的奇迹。黄河山东段的航运也比较发达，轮船往来穿梭，使黄河充满生机。

黄河由利津入海，上中游冲下的泥沙，大部分沉积在河口，久而久之，逐渐形成三角洲。海口海岸线的延伸和造陆相当迅速，每年可以创造四万多亩土地。黄河三角洲地域辽阔，自然资源丰富，是一块有待于开发的处女地，也被称作是"共和国最年轻的土地"。

知识小百科

黄河渡口的民俗

以前黄河上桥梁极少，过河多靠渡口。古渡口形成之初，码头是自然滩地，渡工是当地农民，为了过河耕种或收获庄稼，便自驾小船过河，后为方便客商和当地农民集中渡河，遂产生了专门的渡船。

根据渡船的古规，一般情况下夜间不开航，俗称"夜不渡河"；本村人渡河不收费；说书唱戏、打卦算命的，以及乡间医生过河，也都不收费。关于说书唱戏的艺人过河不收费，还有一段故事：唱戏的有件乐器叫"鼓板"，由三块檀香板组成。据说从前的鼓板是四块板，有一年王母娘娘举办蟠桃会，请八仙唱戏助兴。戏后，八仙喝得酩酊大醉，归来过河上不了船，何仙姑就从曹国舅的云阳板上抽下一块，留作了上船的跳板，所以说书唱戏的过河不用再交钱，并且从此都改用三块板的鼓板了。

二、沂河与沭河

沂河和沭河就像一对孪生兄弟，自北向南，由山东流入江苏，最后奔向浩瀚的大海。

沂河在山东仅次于黄河，堪称山东第二大河。它发源于鲁山山脉，全长近600公里，在山东境内280余公里。沭河发源于沂山南麓，河道全长约400公里，在山东境内260余公里。

在祖国江河水系这个大家族里，沂河和沭河同属淮河流域。沂、沭河上游山岭相连，地形较为复杂。从地形的外貌看，沂、沭河宛如一把倒置的扫帚汇集南流。沂、沭河支流众多，主要集中在上中游，沂河有东汶河、

<沂河

我爱山东

蒙河、柳青河等支流从右岸汇入；沭河有浔河、袁公河、高榆河等支流从左岸汇入。沂、沭河平行南流，平均距离约30公里，都形成不对称的树枝状水系。

沂、沭河在临沂以上主要为山丘区，水土流失严重。临沂以下，进入平原，河道宽浅，主要靠筑堤排洪。

1949年起，山东、江苏两省先后修建导沭整沂和导沂整沭工程，开辟新沭河、新沂河、分沂入沭水道和邳苍分洪道，解决中下游排洪出路。对老沂河下段及有关排涝河道进行了初步整治。上游开展水土保持，陆续建设了大、中、小型水库数百座，拦洪蓄水，发展灌溉及水产养殖。通过初步治理，使两岸农田消减了水旱灾害，部分地区建成商品粮基地。

沭河>

三、山东运河

京杭大运河是世界上最长的人工运河，是中国古代重要的"漕运通道"和经济命脉。作为中华民族南北文化交流的桥梁，大运河可谓一条历史之

齐鲁大地 江山如画

河、文化之河，就整个京杭运河来说，山东段的航道等级是最好的。

京杭运河山东段全长 510.6 公里，始于隋炀帝大业四年（608 年）永济渠的开通，使涿郡（今北京）可通过水路至山东西北德州、武城、临清等地。至元二十年到二十六年（1283 年—1288 年），元政府先后用大批人力开通了济州渠和会通河，与过去经过山东境内的永济渠相连接，形成了南起微山湖、北到德州的整个山东境内的水路交通线。元代后期由于中原地区战乱不休，运河一度处于停运状态。明朝永乐年间，又对运河山东段进行全面疏浚，兴建了一系列保持水势的设施，使运河全线畅通。这种状况持续了四百年之久。清咸丰五年（1855 年），由于黄河改道，将山东境内运河冲为南北两段，从而无法保持全线的畅通，运河运输能力大为削弱。光绪二十七年，清政府下令废止了河运。

从元代至清中期五百多年间，运河是沟通中国北方政治中心和南方经济中心的交通动脉。对国家政治稳定、经济发展起到十分重要的作用。运河的畅通，"船舶往来，商旅辐辏"，使运河沿线的德州、临清、东昌、张秋、济宁、台儿庄成为交通转输和贸易的重镇。德州因建造漕仓而选址运河东岸兴建的卫城，清代已成为商贾往来、帆樯云集、百货荟萃的重要商品交换集散地。临清"东控齐青，北临燕赵"，是举足轻重的战略要地，也是繁盛的商业中心。东昌府因运而兴，成为"漕挽之咽喉，天都之肘腋"，是运河九大商埠之一；济宁南达徐沛，北接汶泗，直通京畿，为南北运输要地，是大运河中段的交通枢纽、水旱码头，有"江北小苏州"之称，清代济宁已是"丰物聚处，客商往来，南北通衢，不分昼夜"的全国著名的商业城市。因河兴商，因河兴市，运河的畅通使德州、聊城、泰安、济宁、枣庄等地达到了文化空前发达、市场繁荣的鼎盛时期，从而留给后人丰富的历史文化遗产。

京杭运河山东段分黄河以北和黄河以南两段。黄河以北从德州至位山，长 235 公里，由于水资源缺乏，已于 20 世纪 70 年代末期断航。黄河以南从位山至陶河口，长 275.6 公里，由梁济运河、南四湖和韩庄运河组成，

运河聊城段>

运河济宁段>

运河枣庄段>

齐鲁大地 江山如画

为京杭运河山东段的通航河段。年吞吐能力 200 万吨的滕州港是京杭运河的第一大港，枣庄的煤炭、建材等资源可通过运河运往江、浙、沪。

四、微山湖

微山湖位于山东省南部，由微山湖、昭阳湖、独山湖和南阳湖四湖连接而成，流域面积 31700 平方公里，京杭大运河纵贯全湖南北，是中国著名的六大淡水湖泊之一。微山湖以秀丽的湖光山色，富饶的自然资源被誉为"鲁南明珠"、"齐鲁灵秀"。

微山湖水面辽阔，气候温和，水质肥沃，属富营养型湖泊，有利于鱼类和其他水生物生长，资源量居全国同类大型湖泊之首，素有"日出斗金"之盛誉。湖里经济鱼类多达 60 多种，主要有鲫鱼、鲤鱼、银鱼、甲鱼、毛蟹、鳜鱼、野鸭、大青虾等，是山东省最大的淡水鱼场。其中"四鼻孔鲤鱼"、"中华鳖"在清朝被乾隆皇帝定为晋京贡品。此外还有芦苇、菰江草、莲藕、菱米、芡实等水生经济植物。

＜微山湖

我爱山东

微山湖"四鼻孔鲤鱼"

微山湖"四鼻孔鲤鱼"是一种独具特色的鱼类,其嘴上部长有两根短须,酷似鼻孔,故名四鼻孔。它的脊鳍和尾鳍呈桔红色,体侧鳞片为金黄色,中间有一行暗褐色的斑点,像根银钱,十分秀美。相传清乾隆皇帝当年南巡,乘船沿京杭运河南下,路过微山湖时,水中几条金色鲤鱼随船嬉戏,忽有两条拍打着浪花跃出水面,落在船上,又见每条鱼长着四个鼻孔,甚为诧异。随行大臣情急生智,奏曰这金色鲤鱼跃龙艇,又四个鼻孔,主四海升平,五谷丰登,天下万民康泰,乃大吉大利之兆。乾隆皇帝龙颜大悦,命御厨烹食,果然鲜美可口。遂命作贡品,年年晋京。自此微山湖"四鼻孔"大鲤鱼名闻遐迩,成为当地亲朋邻里逢年过节相互馈赠的吉祥礼品和酒席盛筵的必备佳肴。

第四节 山东半岛——东方的黄金海岸

山东半岛位于山东省东部,三面临海,北面与辽东半岛隔渤海湾相望,东部与韩国隔海相望。海岸线长达 3345 公里,海域面积 15.95 万平方公里,超过全省陆域面积。作为中国最大的半岛,山东半岛是环渤海地区与长江三角洲地区的重要结合部、黄河流域地区最便捷的出海通道、东北亚经济圈的重要组成部分。

山东半岛经济开发较早。公元前 8 世纪的春秋时代,渔盐业已逐步发展。战国时代,冶铁业和丝麻纺织已有较高水平。汉代成为著名的东方谷仓。唐代登州、莱州是对外交往的重要港口。明清时期,胶州成为中国北方最大的贸易口岸。

齐鲁大地 江山如画

<山东半岛沿海

　　山东半岛的资源禀赋得天独厚，半岛地区是全国著名的花生、果品、水产品和柞蚕丝生产基地；近海海洋生物种类繁多，优质沙滩资源居全国前列，渔业是山东海洋经济的第一主导产业；山东半岛海岸蜿蜒曲折，港湾岬角交错，岛屿罗列，是华北沿海良港集中地区。胶州湾的青岛、芝罘湾的烟台、威海湾的威海、石岛湾的石岛和龙口等均为中国著名港口。沿岸分布 200 多个海湾，可建万吨级以上泊位的港址 50 多处；拥有 500 平方米以上的海岛 320 个，多数处于未开发状态；海洋油气已探明储量 23.8 亿吨，海底金矿资源潜力在 100 吨以上；海上风能、地热资源开发价值大，潮汐能、波浪能等新能源储量丰富。经过近 20 年"海上山东"的建设，山东沿海地区已经形成了一系列海洋产业隆起带，山东半岛酷似一只振翅欲飞的雄鹰，正雄视着前方广袤深邃的海洋。

第二章

物华天宝　富饶山东

　　山东地大物博，资源富饶，是我国重要的自然资源宝库。有驰名于世的农副土特产品和野生动植物资源；海产品的出口量也位居全国第一；有丰富多样的矿产和能源资源，黄金产量居全国首位；还有开发利用前景广阔的海洋资源，"海上山东"已扬帆起航。

∧ "山东三珍"之一——海带

第一节　广阔肥沃的土地资源

　　山东土地膏壤沃野，广阔富饶，在十五万多平方公里的土地上，有巍峨壮丽、峰峦起伏的山地丘陵，也有地势平坦、一望无际的平原低地；有源远流长、纵横罗列的河流湖泊，也有景色迤逦、蜿蜒曲折的海岸港湾。山东这块土地自古以来就是人们心驰神往的地方。

俯瞰齐鲁大地＞

物华天宝　富饶山东

山东自然条件复杂，地貌类型多种多样，土地总面积因受黄河入海口泥沙淤积等因素影响而不断延伸扩大。因受地域、气候、生物等因素影响，全省土壤呈多样化，适宜于农田和园地的土壤主要有潮土、棕壤、褐土、砂姜黑土、水稻土等，其中尤以潮土、棕壤和褐土的面积较大，分别占耕地的48%、24%和19%。土地利用的类型主要有耕地、园地、林地、牧草地等，特点是垦殖率高，后备资源少。

山东农业垦殖历史悠远，是我国种植业的发源地之一。早在周朝以前，这里就已经发展了农业。春秋战国时期，山东境内除了滨海盐碱地和西南低洼地以外，大部分已经开垦为农田。目前山东耕地率属全国最高省份，2009年底全省耕地总面积为1077万公顷，在常用耕地面积中，水田约占3%，其余为旱地，旱地的76%可以得到有效灌溉。

山东自然条件比较优越，气候温和，光照充足，热量丰富，雨热同季，适宜多种农作物生长发育，农产资源相当丰富。勤劳的山东人在生产实践中，培养出多种多样的农作物和著名的农特产品，粮食、棉花、花生、烤烟等主要农副产品产量在全国各省市均居前茅。

山东是农业大省，粮食产量仅次于河南，居全国第二位。全省普遍种植粮食作物。夏粮主要是冬小麦，秋粮主要是玉米、地瓜、大豆、水稻、谷子、高粱和小杂粮。其中小麦、玉米、地瓜是我省三大主要粮食作物。山东是我国小麦的最大产区之一。稻谷种植面积不大，但所产金乡金谷、明水香稻等，素以香味浓郁、米质优良、营养丰富而著称。

棉花在国民经济中占有重要的地位，山东是全国重要的产棉省之一。山东植棉的自然条件比较优越，光照充足，水、热条件较好，适宜栽培中、早熟陆地棉。山东曾经育出"鲁棉一号"，它彻底结束了美国棉花品种在我国黄河流域棉区长达20多年的主导地位，也结束了我国人民缺衣少穿、一年只有几尺布票的历史，一度使我国由棉花进口国变为出口国。

山东花生种植历史悠久，迄今已有600余年的历史，"山东大花生"历来在国内外享有盛誉。山东是我国花生种植面积最大、产量最高的省份。

∧ 小麦

∧ 棉花

∧ 花生

∧ 烤烟

花生种植面积、产量分别占全国的 1/4 和 1/3，出口量占全国的 60% 以上。食用花生油是中国人的传统习惯，山东生产的花生油，除满足省内需要外，远销到国内各大城市及出口到东南亚国家，素有"山东是个大油库"的说法。

烟草是制烟工业的原料，山东是我国栽培烤烟最早的省份，也是全国重要产烟区之一，烤烟种植面积大，产量高，质量好，吸味香醇，品质优异，驰名中外，是加工制作上等香烟的主要原料。2012 年全省种植烟叶 58.1 万亩，收购 151.45 万担，烟农总收入 19.8 亿元，户均收入 11.3 万元，各项指标实现了显著增长。

山东土壤肥沃，气候温和，四季分明，雨量适中，具有发展蔬菜生产的优越条件。加上蔬菜栽培历史悠久，长期以来，山东就是我国重要的蔬菜产地，曾被誉为"世界三大菜园"。 目前全省蔬菜有 100 多个种类，3000 多个品种，70% 以上销往省外，出口量占全国的三分之一。2009 年，全省蔬菜种植面积 1755 千公顷，总产 8937 万吨，居全国第一。

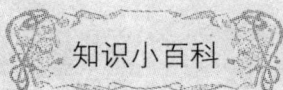

知识小百科

中国蔬菜之乡——寿光

寿光蔬菜，因产于寿光市而得名，是山东省的著名特产之一。

寿光蔬菜种植规模宏大，品种繁多，绿色无公害，营养丰富，打造出寿光的"品牌蔬菜"。当地菜农不断引进各类新品种、新产品、新技术，在寿光及周边地区推广。目前寿光蔬菜已销往全国 30 多个省市自治区的 200 多个大中城市，并远销日本、韩国、俄罗斯、美国等国家，且深受世界各国消费者的喜爱。

寿光是世界上第一部农学巨著《齐民要术》作者贾思勰的故乡，是全国冬暖式蔬菜大棚的发源地，也是中国最大的蔬菜生产基地。拥有全国最大的蔬菜批发市场。寿光被国务院命名为"中国蔬菜之乡"。

∧ 寿光蔬菜

第二节　　储量丰富的地下资源

　　山东省是我国矿产和能源资源储量比较丰富的省份，在全国占有重要的地位。

　　山东的矿产资源种类多、储量大、分布广泛，全省已发现各类矿产150种，查明资源储量的有81种，列全国前10位的矿产有58种，前5位的有35种。国民经济赖以发展的15种支柱性重要矿产在山东均查明了资源储量。

　　山东是中国的黄金产量第一大省。山东的黄金产地主要集中在山东半岛的招远和莱州一带，产地较为集中。作为我国最大的黄金资源基地，山东半岛一带潜在的金矿资源，世界少有，在国内更是独一无二。

　　山东昌乐的蓝宝石资源丰富，是目前世界上罕见的大型蓝宝石矿床之一，具有颗粒大、颜色纯、质量好、奇异宝石多等特点，颇受国内外珠宝界的青睐，昌乐也因此被誉为"蓝宝石之乡"。

　　山东是国家重要的能源基地。煤炭、石油等石化能源资源较为丰富，新能源、可再生能源资源分布广泛，开发条件优越。

　　山东省煤炭资源比较丰富，开发利用煤炭有较长的历史。山东煤炭资源具有储量较多、储存条件较好、品种多样、煤质优良的优势，全省累计探明地质储量331亿吨，约占全国的3%。保有地质储量249亿吨，剩余可采储量约80亿吨，经济可采储量40亿吨左右，成为中国东部沿海的重要煤产地。兖矿集团位于山东省济宁市境内，是中国重要的煤炭生产和出口基地。

<胜利油田海上钻井平台

　　山东地下石油储量丰富，随着近年开发力度不断增加，逐渐成为我国东部重要的石油产地。我国第二大油田——胜利油田，就坐落在山东北部的黄河三角洲地带。从发现油田至今，胜利油田走过了 50 年的历程。截至 2012 年底，胜利油田累计生产原油 10.45 亿吨，约占同期全国原油产量的五分之一。生产天然气 547.08 亿立方米。胜利油田的建设开发，催生了一座现代化城市——东营市，辐射带动了黄河三角洲经济带的崛起。

第二节　得天独厚的海洋资源

　　山东海洋资源得天独厚，拥有滩涂、浅海、港湾、岛屿等多种海洋资源，全省海岸线约占全国的 1/6，近海海域占渤海和黄海总面积的 37%，滩涂面积占全国的 15%。

我爱山东

山东半岛海洋生物资源丰富，近海栖息和回游的鱼虾类达 260 多种，主要经济鱼类有 40 多种，浅海贝类百种以上。其中，对虾、扇贝、鲍鱼、刺参、海胆等海珍品的产量均居全国首位。山东的海产品养殖基地众多，威海是全国重要的海水养殖基地和全国最大的海产品加工基地，海参、海带产量居全国首位。鲁北海产基地是全国最大的干海产品批发市场。

港口是陆地交通与海上交通的枢纽，在交通运输业中占有重要地位。山东半岛海岸是我国著名的港湾海岸区之一，沿岸有众多的天然港湾，其中不少港湾具备建设海港的优越条件。有驰名中外的青岛港，还有烟台港、日照港等，既有专用的煤港、油港、军港和众多的渔港，也有综合多用的海港。近期，更因为中国第一艘航空母舰"辽宁号"在青岛落户，引起世人的关注。

胶州湾内的青岛港，具有湾静水深、不冻不淤的优点，自 1898 年建港以来，已发展成中国第二大港口，拥有世界上最大的铁矿石码头、亚洲最大的原油码头和中国第三大集装箱码头。

青岛港>

第三节　驰名中外的土特产品

一、山东的水果

　　山东是北方果树最适宜栽培区域之一，被誉为"北方落叶果树的王国"，是全国水果主要产区之一。山东生产各种水果 20 多种，品种达数百个，其中苹果产量占全国的四分之一以上，桃、梨、葡萄等在全国也占有重要位置，果园遍及全省各地。全省水果产量的 70% 以上销往外省和出口，有些名特产品在国内外市场享有盛名。2009 年，全省果园面积 591 千公顷，水果产量 1419 万吨，居全国第一。

　　烟台苹果以栽培历史悠久、品种齐全、产量高、品质好而驰名中外，品种多达 200 多个，以青香蕉、红香蕉、金帅、国光等最负盛名，是烟台苹果的代表品种。烟台苹果个大、果形正，色泽鲜艳江润，外表光滑细腻，口味酸甜适口，咬一口细脆津纯，清香蜜味，且果肉硬度大、纤维少、质地细，果汁含量在 89% 以上，糖份含量高，微量元素含量丰富，经常食用，可起到帮助消化、养颜润肤的独特作用。烟台苹果有"水果皇后"的美誉，受到人们的喜爱。

　　梨在山东栽培很普遍，其中莱阳梨为名贵品种，誉满全国。莱阳梨果实硕大，果皮呈黄绿色，果面粗糙，看上去并不美观。但肉质细腻，清脆香甜，浆多欲滴，既是甘美的时鲜果品，又可加工梨干、梨脯、梨酱、梨膏、

∧烟台苹果

∧莱阳梨

∧肥城桃

∧乐陵金丝小枣

梨汁、梨罐头，也可酿酒、酿醋，有清肺、化痰、止咳等功能。用它制作的"莱阳梨膏"、"止咳糖浆"是治疗支气管炎、伤风咳嗽的良药。

中国名产肥城桃，顾名思义产于肥城，又名"佛桃"，以其个大、味美、营养丰富在国内外享有盛名,被誉为"群桃之冠"。肥桃有红果、白里、晚桃、柳叶、大尖、香桃、酸桃等 7 个品种，以白里品质为最佳，单果重一般在350 克左右,最大 900 克以上,人称"桃王"。肥桃不仅果实肥大、外形美观、汁多味甘，而且气味芬芳，营养丰富，曾获国际博览会金奖和大奖。

物华天宝　富饶山东

肥桃的传说

肥城西尚里村有一棵古老的桃树，这棵桃树与当年王母娘娘举办的一次蟠桃会有关系。

相传当年这里住着一个王老汉，特别喜爱桃树，房前屋后种上了一株株桃树。有一年，天大旱，庄稼颗粒不收，王老汉病饿而死，老太婆也奄奄一息。为了给老母亲治病，儿子把种的桃子全部卖了，钱还是不够，还有一味贵重的药配不上。儿子焦急地问大夫："这味药有什么可以代替吗？"大夫回答道："有，需要你腿上的二两肉即可。"儿子听罢，二话不说，取出菜刀，从腿上割下了一块肉，为母亲煎药服用。王老婆婆的病真的就慢慢好了。这件事正好给去参加蟠桃会的七仙女看到了。她禀告了王母娘娘，并请求降福人间。王母娘娘便命将一枚仙桃核投到王老汉家的桃园中。桃核长出一株桃树，结的桃硕大、汁甜，每个都半斤以上，人们啧啧称奇。从此，这一带桃树也繁衍开来，一片一片铺满百里山坡，成了驰名中外、群桃之冠的肥桃之乡。

著名的枣树品种乐陵小枣，已有三千多年栽培历史。小枣半干时掰开果肉，可清晰地看到由糖份、果胶质和其它成份组成的缕缕细丝，拉长一二寸不断，在阳光照耀下闪出灿烂光泽，金丝小枣的美名由此而来。金丝小枣果形繁多，以椭圆型、长椭圆型和倒卵型为优，具有营养丰富、皮薄肌厚、肉汁细多、色红鲜艳、甘甜爽口等特点。

二、山东三珍

东阿阿胶，与人参、鹿茸并称国药三大瑰宝，有"补血圣药"之美誉。《神农本草经》载阿胶"久服轻身益气"。 历代中医典籍对阿胶最早的记载出自西汉时期淮南王刘安《淮南子》一书，迄今已有两千多年的历史。阿胶

强身健体的功能很多，经常适量服用可以补血养气、美容养颜、延年益寿、强筋健骨、提高免疫力。对术后病人康复非常适合，对妇女保健尤其重要，女人自成年后例假如期而至，血失去太多，及时补充阿胶可以增强体质，预防各种疾病入侵。

知识小百科

福牌阿胶的传说

"邓氏树德堂"是东阿镇阿胶老字号。据说，咸丰年间，懿贵妃（即后来的慈禧太后）患血症，久治无效。家居东阿的户部侍郎知贵妃患病不愈，便上书推荐东阿城内"邓氏树德堂"所产阿胶。慈禧太后服用后，病愈并喜得龙子，即后来的同治帝。咸丰皇帝大悦，赐给"邓氏树德堂"堂主三件礼物：一是四品官服黄马褂，二是手折子，三是赐给东阿镇阿胶"福"字，并封树德堂阿胶为"贡胶"。邓氏树德堂阿胶作坊自获得黄马褂、手折子和"福"字之后，即把"福"字作为商标，并将"福"字印在胶片上，在树德堂堂店上悬挂，作为该堂店的招牌。

东阿阿胶＞

海带素有"海洋蔬菜"和"长寿菜"之称，具有独特的风味和营养价值，蕴含了大量对人体有营养价值的成分，是高蛋白、低热量、维生素和矿物质丰富的海洋佳品。海带还具有一定的药用价值，可以很好地平衡人

物华天宝　富饶山东

们体内的营养成份，有关专家把海带誉为碱性食品之王、健康食品、养生菜。它在降低血压、抑制肿瘤、活血化瘀等方面具有显著功效。对于爱美的女性来说，海带具有美容、美发、瘦身等保健作用，海带而且还是放射性物质的"克星"。

<海带

海参是一种海洋软体动物，据今已有六亿多年的历史，以海底藻类和浮游生物为食。据《本草纲目拾遗》记载：海参，味甘咸，补肾，益精髓，摄小便，壮阳疗痿，其性温补，足敌人参，故名海参。现代研究表明，海参具有提高记忆力、延缓性腺衰老、防止动脉硬化、糖尿病以及抗肿瘤等作用。海参同人参、燕窝、鱼翅齐名，是世界八大珍品之一。胶东半岛处于渤海和黄海交汇的海域，因水流量大，无污染，海藻品种丰富，气温合适，最适合刺参生长，所产的海参多糖等有效成分非常丰富，自古被列为名贵上品。

<海参

我爱山东

第三章

悠久的山东历史

　　史前山东人创造了灿烂的文明。东夷人以独具风格的大汶口文化和山东龙山文化，携同黄河两岸众多地区的兄弟姐妹，步出原始时代，共同迎来中华民族文明的曙光。

∧齐长城遗址

第一节 最早的山东人

　　山东历史悠久，文化厚重，是中华古老文明的重要发祥地之一。

　　从遥远的数十万年以前的旧石器时代，我们的祖先就已经在山东大地上从事艰苦的开发活动了。现已发现最早的山东古人类是"沂源人"。沂源人的化石是在山东沂源县马鞍山的一个石灰岩裂隙中发现的，距今已有约40-50万年。这些化石包括头盖骨、牙齿、股骨等，此外还发现了大量哺乳动物化石，计有肿骨鹿、野猪、犀牛、马、熊、虎等十数种。根据考古学家的研究，沂源人和北京猿人在体质上很相似。可以推想，最早的山东人是和同时代的北京人在相近的环境中，与大自然进行着艰苦的斗争，谋求着自身的发展。山东人民无愧是祖国大家庭中资格最老的成员之一。

　　沂源人之后，又经过数十万年的漫长的努力，到了距今约二三万年前，山东人终于获得了巨大的进步。打制石器的技术大大提高了，战胜自然的能力大大加强了，与此相适应，体质也发生重大变化，改变了猿人的特征，跨入了新人（智人）阶段，社会组织形式也从原始人群的乱婚形式，经由血族群婚形式，向氏族制度过渡。这一切预示着，我们的祖先，在山东这块土地上，即将告别旧石器时代，开始新石器时代，历史的进程不再是以万年来计算，脚步大大加快了。

　　山东新石器时代文明的早期阶段以距今7300年——6100年前的"北辛文化"为代表。北辛文化是以山东滕县北辛遗址命名的。它大致以泰山为中心，主要分布在汶河、泗水流域一带。北辛文化以农业生产为主，但遗址中出土的大量猪骨、兽骨表明，家畜饲养已有发生。北辛文化的创造

∧ 城子崖遗址发掘现场

　　者不仅已经学会制作陶器，而且可以运用慢轮修整工艺，能够制作通高半米、口径六十厘米的大鼎。

　　山东地区大汶口文化的发现是上世纪五十年代以来文物考古工作的重大发现。1959 年，通过泰安南部大汶口遗址的发掘，清理了 133 座墓葬，出土了一千余件独具风格的随葬器物。此后，又相继在山东境内发现一百余处大汶口文化类型的遗址，进一步展现出那个时代山东先民活动的情景。

　　如果说大汶口文化的创造者们，已经为文明的到来打下了牢靠的基础，那么，走完原始社会的最后一段历程，双手迎来文明曙光的，应是山东龙山文化的创造者们。

　　龙山文化因为首先发现于山东章丘龙山镇的城子崖而得名。龙山文化与大汶口文化的分布范围大体一致，这充分证明，山东龙山文化是继承大汶口文化发展而来的，是那个时代的山东先民创造的一种更高水平的原始文化。

龙山文化的生产工具，不仅有磨制精细的石斧、石铲，还出现了新型收割工具石镰等，另外，骨制工具有铲、凿、锥等，陶制工具有纺轮、网坠等，这些都是龙山文化的重要工具。尤为引人注目的是，个别遗址中发现了少量铜制工具。这都证明，龙山文化时期的生产力又朝前迈进了一大步。

最能显示山东龙山文化特点的是那些精美的黑陶器物。创造山东龙山文化的手工业劳动者，已经能普遍采用轮制技术，这不仅大大提高了劳动生产率，而且提高了陶器的质量。器壁厚薄均匀，器形规整匀称。由于烧制陶器的火候较高，质地愈加坚硬。

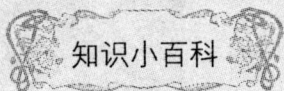

知识小百科

龙山文化的蛋壳陶

蛋壳陶是是山东史前时代最具特点的器物之一，它代表了当时中国制陶技术的最高水平。

蛋壳陶是一种制作精致、造型小巧，外表漆黑黝亮、陶胎薄如鸡蛋壳的高柄杯。1930年在山东章丘城子崖遗址发现蛋壳陶残片；1936 年在山东日照两城遗址又发现了相对完整的蛋壳陶杯；1960 年在山东潍坊姚官庄遗址出土了 5 件蛋壳陶杯，其中 2 件陶杯是首次发现的可以完整复原的蛋壳陶器。蛋壳陶的质料全部是细泥质的黑陶，不含任何杂质。薄陶胎是制作工艺上的一个重要特征，最薄部位在盘口部分，薄者 0.3 毫米，个别有薄至 0.2 毫米的。柄部和底座因要承托上部重量，陶胎略有增厚，但常见也不超过 1—2 毫米。有“薄如纸、硬如瓷、明如镜、黑如漆”之美誉。

蛋壳黑陶杯仅仅出土于少数的大中型墓葬之中，说明它在当时就是一种极高贵的用品，并非常人可以享用，极可能是一种显示尊贵身份的礼器，那就意味着社会上已产生阶级分化而即将告别原始的蒙昧。可以说，蛋壳黑陶杯的出现，已迎来文明的曙光。

黑陶（龙山文化）>

　　山东龙山文化的房屋建筑技术也有很大进步。突出表现在出现了土台式建筑和土坯砌墙式建筑。前者在沿海一带有发现，这种建筑形式有利于防潮，有效地改善了居住条件。土坯砌墙的方法，更明显地反映出建筑技术的发展。这种营建技术，直到今天还为人们所采用。

　　滚滚黄河，自西向东，蜿蜒数千里，滋润了两岸一望无际的肥田沃土，为我们祖先提供了易于开发的衣食之源。黄河的确是母亲之河，中华民族的古老文明正是在她的怀抱里萌发成长的。山东人民自古就是黄河的儿女。在距今七千年到四千多年之间，大汶口文化、龙山文化以独特的风格走出

原始时代，显示了当时山东地区文明的高度发展，与华夏大地众多地区的兄弟姐妹携手迎来中华民族文明的曙光。

在文字产生之前，尤其是在原始社会阶段，人们的认识能力极其有限，古老的先民往往要依靠想象并借助想象力征服自然。于是，古老的神话传说产生了："有巢氏"构木为巢，"燧人氏"钻木取火，"伏羲氏"驯养百兽，"神农氏"遍尝百草……不能轻视这些传说，这些传说可以看作是对远古历史的简单勾勒。

生活在山东这块土地上的上古人类，最早被称作东夷人。虞夏商周时期，山东的东夷人创造了灿烂文化，与其他地区的先民一样，古老的东夷人也有反映自己祖先在山东这块土地上劳动生息的传说。在这些神话传说中，东夷人就"记录"了自己的历史，也塑造了本民族的许多英雄人物形象。在东夷族的历史上，最为著名的部落首领有太昊、蚩尤、少昊、大舜等。

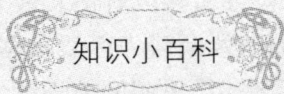

知识小百科

"舜耕历山"的故事

《史记》中所说的"舜耕于历山"，便是现在山东省会济南市老城区南部的千佛山。现建有纪念大舜的历山院。主体建筑为舜祠，中间龛内供奉的是舜帝塑像，左右配娥皇、女英二妃。三侧墙壁上绘有彩色壁画，介绍了舜的生平事迹。舜祠西侧为三圣殿，殿内有尧、舜、禹三帝坐像。舜旁侧卧一头白象，憨态可掬，惹人喜爱。说到这头象的来历，还有一段动人的传说。

相传，舜曾于历山下开荒种田，但开垦进行得十分艰难。一天，舜正在刨地，忽然走来一头大象，帮他一起耕地。等到耕好地准备播种时，又飞来一只凤凰，帮他把种子均匀地撒在田里。到了收割的时候，大象与凤凰又来帮舜收庄稼。收割结束，舜准备慰劳它们时，大象与凤凰却不见了踪影。后人常说，这是老天见舜遭遇困境，专门派神仙来帮助他的。

悠久的山东历史

夏朝的历史与山东地方有着非常密切的关系。那时黄河下游地区经常洪水泛滥，为了共同对付洪水，从中国西部东迁的夏族和原来住在山东地方的夷族结成了一个庞大的部落联盟，联盟首领分别由夷夏两族轮流担任。禹治水有功，舜让位于禹。禹后来又让位给伯益。可是禹死后，夏族部落贵族势力逐渐强大，禹的儿子启杀死了伯益，自立为王，建立了夏朝。从氏族民主选举到"禹传子，家天下"的王位世袭，中国也开始由原始社会向阶级社会转变。

夏朝立国后，夷夏之间进行了长期的斗争。从"太康失国"到"少康中兴"，夏的政权一度落到夷族首领后羿和寒浞手里。后来少康依靠夏族在山东的势力重新复国。此后夏的势力深入到山东东部。

继夏而起的商朝，和山东的关系更为密切。山东不仅是商族活动的中心，而且是商族统治势力的重要根据地。山东西部是商王朝统治的中心区域之一；对山东东部未华夏化的东夷人，商王朝通过盟国奄国（今山东曲阜）、薄姑国（今山东博兴）等对其进统治。公元前 11 世纪，周武王灭商纣，天下更始。商亡后，商的残余势力仍然盘踞在山东。商纣的儿子武庚还联合山东的旧属国起兵反周，严重威胁着周的统治。周公集中全部力量，用了三年时间，才平定了这次叛乱。

为了加强对东方的控制，周室在山东建立了诸侯。封姜尚做齐侯，都营丘（临淄）；封伯禽做鲁侯，都曲阜；封振铎做曹侯，都陶丘（定陶）；封绣做滕侯，都滕。姜尚，就是后人所称的姜太公，他有大功于周室，是周武王得力的助手。伯禽是辅佐成王的周公旦的儿子；曹，滕等都是成王的叔父的封国。这些封国，尤其是齐鲁两国的建立，标志着奴隶制国家在山东的一个新的发展，对以后山东地方的历史有着重大的影响。

第二节 齐国和鲁国

一、齐、鲁立国

周朝实行"封邦建国"，齐、鲁是当是在今山东境内两个最大的封国，其发达的政治、经济、文化，在中国历史上有着较大的影响，故后世以"齐鲁之邦"称山东。山东至今仍简称鲁，或齐鲁。

齐国故城 >

悠久的山东历史

齐国定都营丘，后改名临淄，据《左传·僖公四年》，其疆域"东至于海、西至于河（黄河）、南至于穆陵（今沂水与临朐交界处）、北至于无棣（今河北盐山）"。齐国"通商工之业、便鱼盐之利，而人民多归"，融合"东夷文化（中华文明发祥地之一蚩尤部落创立）"、"因其俗，简其礼"，"举贤而尚功"，务实革新、兼容并包，国力相当鼎盛。齐国的工商业与技术如纺织业也非常发达，有"冠带衣履天下"的美誉。

知识小百科

齐长城

　　齐长城始建于春秋时期，完成于战国时期的，依山势而筑，西起黄河河畔，东至黄海海滨，逶迤山东十三县，长达千余里。齐国是我国历史上最早修筑长城的国家，齐长城又是春秋战国时期各国所筑长城中现遗迹保护较多的一处，从齐长城现存遗迹的考察中可见当时整个长城建筑之一斑。它建筑在起伏连绵的泰沂山脉的山岭之中，虽沿线有平谷之地，但多为山岭，长城依山就势而筑。其建筑宏伟，规模壮观，凝聚着二千五百年前我国劳动人民勤劳与智慧，也体现了春秋首霸和战国七雄的东方泱泱大国的强盛雄风。

齐长城＞

鲁国都于曲阜，其疆域在《诗·鲁颂·閟宫》中描述为"泰山岩岩、鲁邦所瞻。奄有龟蒙、遂荒大东。至于海邦、淮夷来同"。鲁国秉承周朝礼乐典仪是尊尚仁义、传统、伦理、人和的"礼仪之邦"。生于鲁都曲阜的孔夫子在这里创始了儒家思想，成为后来中国社会框架与价值观的基石。

1977年以来，在鲁国故城内发掘的200余座西周、东周墓，不仅出土遗物丰富，而且发现了春秋时期的贵族墓，这对于了解春秋时期的墓葬制度抑或是窥探当时的贵族生活，都有重要的意义。其中精美的玉器、金银器等，让人回想起鲁国强盛时期的辉煌。

春秋时期，山东境内还有其他许多小一些的诸侯国，仅见于《左传》的就有55国之多，其中疆域及影响较大的有莱、莒、邹、滕、曹等国，他们后来多被齐、鲁两国并吞。

曲阜鲁国故城>

二、齐桓公争霸

春秋时代，为中国有史以来第一个多姿多彩的时代。在周室王位衰落的同时，一些诸侯国强大起来。为了争当左右天下、支配别国的霸主，几

悠久的山东历史

<＝齐桓公塑像

个大的诸侯之间，展开了长期的争霸战争。

春秋时期首先称霸的诸侯是齐桓公，名姜小白。齐在春秋前期，已是东方的大国，疆土"东至于海，西至于河，南至于穆陵，北至于无棣"，负山面海，有鱼盐之利。但在齐襄公（前697—前686年）时，由于政治黑暗，剥削残酷，阶级矛盾一度尖锐。

齐襄公死，其弟桓公继位，任用管仲为相，进行改革，国势日益强盛。公元前664年，山戎侵燕，齐桓公率军北伐山戎，保卫了燕国。前622年，狄人侵邢（河北邢台），齐桓公又救邢。公元前660年，狄人又侵卫，杀卫懿公。齐桓公救卫，将卫的剩余人口迁到楚丘（今河南滑县），使卫存续下来。齐桓公的救患扶危的行动，得到一些诸侯的拥护，威信大增。

这时，南方的楚国强盛起来，不断北侵，兼并了许多小国，又连年伐郑，威胁中原。公元前656年，齐桓公率齐、宋、陈、卫、郑、许、曹之师伐楚，与楚军对峙于陉（今河南偃师），双方互不相让。后齐、楚订立盟约，都撤回军队。齐桓公这次出兵虽未与楚作战，但却打击了楚国北进的锋芒，暂时消除了楚对中原诸国的威胁。

公元前651年，齐桓公在葵丘（今河南考城东）大会诸侯，参加会盟

的有齐、鲁、宋、卫、郑、许、曹等国的国君，周天子也派代表参加。从此齐桓公成为霸主。得以挟天子以令诸侯。前643年，齐桓公死，齐国逐渐衰弱。

知识小百科

齐桓公与管仲

　　齐桓公，名姜小白，因避齐襄公之乱，出逃莒国。齐襄公被杀后，其异母兄弟姜纠和姜小白分别从支持他们的国家出发，谁先到达临淄谁就能成为一国之主。姜纠的大臣管仲日夜兼程，途中恰巧遇到了莒国军队护送姜小白回国。管仲假意上前拜见姜小白，然后冷不防向姜小白射出一箭。姜小白大叫一声，从车上栽倒下去。其实姜小白并没有死，那一箭正好射中他的衣带钩。管仲是有名的神射手，姜小白惟恐他再来一箭，便立刻就势栽倒。等管仲走远后，姜小白便策马扬鞭，率先到达临淄。公元前685年春，姜小白就任齐国第十六代君主，这就是历史上赫赫有名的齐桓公。齐桓公知人善任，不计一箭之仇，任命管仲为相，使齐国很快成为春秋五霸之首。

三、稷下学宫与百家争鸣

　　稷下学宫，又称稷下之学，战国时期田齐的官办高等学府，始建于齐桓公。稷下学宫的创建与发展，在中国文化发展史上树起了一座丰碑，开创了百家争鸣的一代新风，促成了中国历史上第一次思想大解放、学术文化大繁荣的黄金时代的到来；对秦汉以后文化的发展与繁荣产生了深远影响。

　　稷下是齐国国都城门，因学宫地处稷门附近而得名为"稷下学宫"。稷下学宫是世界上第一所由官方举办、私家主持的特殊形式的高等学府。

<稷下学宫遗址

　　它作为当时百家学术争鸣的中心园地，有力地促成了天下学术争鸣局面的形成。稷下学宫在其兴盛时期，曾容纳了当时"诸子百家"中的几乎各个学派，其中主要的如道、儒、法、名、兵、农、阴阳诸家。汇集了天下贤士多达千人左右，其中著名的学者如孟子、淳于髡、邹衍、田骈、尹文、环渊、申不害、鲁仲连、荀子等。尤其是荀子，曾经三次担任过学宫的"祭酒"（学宫之长）。当时，凡到稷下学宫的文人学者，无论其学术派别、思想观点、政治倾向，以及国别、年龄、资历等如何，都可以自由发表自己的学术见解，从而使稷下学宫成为当时各学派荟萃的中心。这些学者们互相争辩、诘难、吸收，成为真正体现战国"百家争鸣"的典型。更为可贵的是，当时齐国统治者采取了十分优礼的态度，封了不少著名学者为"上大夫"，并"受上大夫之禄"，即拥有相应的爵位和俸养，允许他们"不任职而论国事"。

　　稷下学者取得了丰硕的学术研究成果。仅就稷下学者的著作来看，其思想内容博大精深，广泛涉及政治、经济、军事、哲学、历史、教育、道

德伦理、文学艺术以及天文、地理、历、数、医、农等多学科的知识。这些著作的问世，不仅极大地丰富了先秦思想理论宝库，促进了战国时代思想文化的繁荣，也深刻地影响了中国古代学术思想的发展。

第三节　从秦始皇东巡到戚继光抗倭

一、秦始皇东巡

公元前 221 年，秦始皇依赖强大的国力和英明的决策，经过连年征战，灭掉了东方六国，统一了全国。全国统一后，秦朝在山东设置临淄、琅邪、东海、薛、济北等郡。齐国是战国中最后被攻灭的国家，而又曾经是较为强大的国家，所以秦始皇很重视对这一地区的统治。为防止齐国贵族叛乱，秦始皇还下令拆除齐长城，修筑国都咸阳直达山东的驰道，对山东地区进行强力统治。为了炫耀武力，震慑四方，秦始皇曾 5 次出巡，其中 3 次来到山东，并在泰山举行封禅大典。

公元前 219 年，秦始皇率群臣自咸阳东巡郡县，登封泰山。东巡至峄山时，曾召集鲁国儒生、博士七十余人议论封禅事宜，以表明自己当上皇帝是受命于天的。儒生们的议论各不相同，难于施行。始皇遂废黜不用，自定礼制。其下令在泰山整修车道，至岱顶升封告天。并"立石颂秦皇帝德"，碑文宣扬其一统天下，"亲巡远黎，登兹泰山，周览东极"之丰功伟绩，据传刻石由丞相李斯书丹。又于岱顶树立石阙（俗称"无字碑"），用以象征大秦君权之至高无上。始皇登泰山时，风雨骤至，遂暂休于一棵松树下，事后封此树为"五大夫"爵，以彰其护驾之功。登封告成后，始皇从泰山之阴道下山，禅于岱南梁父山。始皇此举，开启皇帝泰山封禅之先河。

成山头，又名天尽头，位于山东半岛最东端。这里蓝天碧海，风光秀丽，公元前219年，秦始皇第一次到此巡视。成山头曾出土7件祭日玉器，经考古学家研究，很有可能是秦始皇东巡的遗物。

公元前210年，秦始皇在丞相李斯陪同下再次出巡，"自琅邪至荣成山"。这次出巡的目的是要到海上仙山寻采长生不老之药，以益身延寿。秦始皇东巡成山头时，在成山头西侧建一座行宫，名曰"始皇宫"，后年久失修而坍塌。后人在始皇宫的遗址上建一座"始皇庙"。

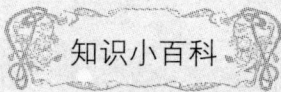

知识小百科

秦始皇东巡成山头的传说

始皇东巡，在民间留下了许多美丽的传说。传说很早以前成山头一带既没山也没有谷，一片汪洋。秦始皇想到东海看日出，便手执赶山鞭驱赶太行山东来，填海造桥。此事《齐地略记》中也有记载，题为"秦始皇塞海鬼驱山"。成山头南侧峭壁下的急流中，有4块天然巨石，嵯峨排列，潮水涨落时，时隐时现，宛如四座桥墩，人称"秦桥遗迹"。据《齐地略记》载，当年秦始皇要造桥渡海观日，海神为他搬石立桥墩，秦始皇感激海神相助，想见一面。海神因面丑，约定只准始皇本人来见，切不可画像。见面时，秦始皇的一个侍从在旁偷画神像。海神大怒，斥始皇失信，只听一声巨响，大桥崩塌，只剩下4个桥墩兀立海中。

二、秦汉到明代的山东

山东素有"膏壤千里"的美誉，早期就有发达的农业与手工业，秦汉

以来，成为中国的经济中心。山东的粮食不断沿黄河西溯，供应关中。汉代时，山东是"丝绸之路"的重要源头，临淄、定陶、亢父（今济宁）是全国的三大纺织中心，大量精致的纺织品自此源源不断地输往西域。

唐朝时期，社会相对稳定，山东恢复发展。当时的山东地区主要属于河南道。开元天宝年间，每年都有几百万石的粟米运至关中，而青、齐（今青州、济南）等地的物价仍远低于中国其他地方。唐代兖州的镜花绫、青州的仙纹绫，都是驰名全国的精美织品。

北宋时期，皇帝昏庸，奸臣当道，宋江聚众 36 人在梁山泊（今山东省梁山县境内）起义。后宋江战败被俘，起义失败。这段历史被明人施耐庵编写成《水浒传》，成为中国四大名著之一，宋江和梁山好汉也由此成为家喻户晓的传奇人物。

∧今日的水泊梁山

悠久的山东历史

金元时期，社会矛盾和民族矛盾严重，社会与经济处于滞退状态。元代时山东只有126万人、38万户，与金代相比，人数减少约87%、户数减少约75%。金代山东人口约1000万，144万户。

明朝开始设立山东布政使司（当时包括辽东）。明朝初年，山东"多是无人之地"，政府奖励人民垦荒。到洪武二十六年（1393年），山东的耕地面积有7240余万亩，是北宋时期的2.4倍，居全国第三位。1421年永乐皇帝迁都北京以后，京杭大运河沿线的济宁和临清由于漕运的发展而繁荣起来。

三、戚继光抗倭

明初开始，倭寇对中国沿海进行侵扰，从辽东、山东到广东漫长的海岸线上，岛寇倭夷，到处剽掠，沿海居民深受其害。至嘉靖年间，倭寇又猖獗起来，并与中国海盗相勾结，对闽、浙沿海地区侵扰如故。在倭寇长期为患之时，明朝军队中涌现了抗倭名将戚继光。

戚继光，山东牟平人，自幼练功习武，对刀、枪、棍等各种兵器无不得心应手，箭法尤其高超。他的一身好武艺在后来抗倭和练兵中派上了大用场。练武场上动若脱兔，但读起书来，戚继光却能静如处子，15岁的时候他就因为博通经史在家乡小有名气。

嘉靖三十二年，戚继光被任命为署都指挥佥事，专任山东防倭之责。此后的十余年中，他先后在山东、浙江、福建等地御倭。相对于浙江、福建等地来说，山东的倭患相对较轻。戚继光在山东所做的，多半是整顿军纪，加强防备。真正展现他的军事才能的地方，是后来在浙江和福建的抗倭战场。

建于山东沿海蓬莱县的蓬莱水城，又名"备倭城"，是我国最早的海军基地之一。水城背山面海，陡壁悬崖，天险自成，汉唐时就已成为军事

重地。北宋庆历二年（1042年）在此始建海防设施，设"刀鱼巡检"。明初洪武九年（1376年）建立水城，永乐六年（1408年）设"备倭督指挥使司"，万历二十四年（1596年）设"总兵署都督佥事"，统辖山东沿海的战防事宜，兼管海运，蓬莱水城就是戚继光用于训练水军、抗击倭寇的地方。明代著名的民族英雄戚继光曾在这里操练过水军，英勇抗击入侵我国海疆的倭寇，立下了不朽的功绩，为历代后人所赞颂。

∧蓬莱水城

第四节 甲午风云和义和团运动

一、中日甲午威海之战

位于山东半岛东端威海湾口中央的刘公岛，战略地位十分重要，素有

"东隅屏藩"和"不沉的航空母舰"之称。1888年,清代第一支近代海军——北洋水师在这里成立,并设督署于岛上,习称北洋水师提督衙门,是北洋海军的指挥机关。1894年,北洋水师又在自己的诞生地全军覆灭,给后人留下一段苦涩的记忆。

1894年春,朝鲜政局动荡,清政府应朝鲜政府邀请派兵入朝镇压东学党。日本政府早有吞并朝鲜的野心,遂以清军入朝为借口,先发制人对清军开战。7月25日,日军舰队向丰岛海面的北洋水师济远和广甲两舰发动突然袭击,史称"丰岛遭遇战"。8月1日,中日两国政府同时宣战,甲午战争正式爆发。

9月17日中午,北洋水师与日本联合舰队在黄海大东沟海域相遇,发生中日史上最大海战。在这场中日双方海军的主力决战中,双方损失都很大。日本联合舰队旗舰"松岛"差点被击沉。而北洋水师的"致远"为救援旗舰"定远",被日舰击沉。在快要沉没时,管带邓世昌驾驶军舰,准备与敌舰同归于尽。但相撞前"致远"发生爆炸,导致"致远"沉没。"致远"沉没后,邓世昌拒绝了一切救援,自沉殉国。北洋水师损失了5艘战舰,其它各舰也都重伤。从此只能藏身于威海卫,日军掌握了战争的主动权。

日军占领平壤后，越过鸭绿江大举进犯辽东。1895 年 1 月，日本海陆军 3 万余人围攻威海卫。1 月 20 日，日军在荣城湾登陆，从后路攻击北洋水师的最后基地——威海卫。清军将领丁汝昌等率军力战，屡挫强敌。但因孤军无援，南北炮台相继陷落。2 月 1 日，日军占领威海卫城。此后，日军水陆配合，攻击刘公岛和港内北洋舰队。刘公岛守军奋勇还击。在为北洋水师和要塞炮所击退之后，日军在海战史上第一次实施了大规模的鱼雷艇夜袭战，击毁击沉了多艘北洋水师战舰，曾令日军畏如虎豹的定远舰，也中鱼雷搁浅。17 日，威海卫海军基地陷落，北洋舰队覆灭，北洋舰队提督丁汝昌等先后自杀殉国。

二、山东义和团运动

义和团运动是一场震惊世界的波澜壮阔的农民反帝斗争。这场斗争首先兴起于山东省。

甲午战争后，德国占领胶州湾，强划山东全省为其势力范围，外国教会亦在山东扩展势力。群众对教会积恨成仇，各地反教斗争接踵而起，义和拳遂成为反对外国侵略势力的重要组织形式。

1898 年 10 月（光绪二十四年九月），山东冠县义和拳以阎书勤为首，联合直隶威县赵三多等，聚众烧毁红桃园教堂，占领梨园屯，震动了鲁、直两省的毗连地区，成为义和拳反帝斗争兴起的信号。次年 10 月，朱红灯、本明和尚为首的义和拳在平原县杠子李庄、森罗殿等处，与清军地方营队战斗，促进山东许多州县反侵略斗争的迅速发展。12 月，直隶南部枣强县以王庆一为首的义和拳开展反教会斗争；冀州开元寺武修和尚亦率众焚毁景州苏古庄等处教堂。山东、直隶两省毗连地区的反教会斗争连成一片。

1899 年 12 月袁世凯任山东巡抚后，疯狂镇压各地义和团，致使山东义和团运动很快趋于低潮。但时隔未久，义和团运动又在鲁西北兴起，尤其是 1900 年 6 月清政府"对外宣战"上谕发布及京津地区义和团运动进入高潮后，山东各地义和团亦纷纷复起响应，并很快在全省形成燎原之势。这一时期，山东义和团的反帝斗争与反抗清军"剿灭"的斗争更紧密地联系在一起，从而形成了山东近代史上反帝爱国运动的新高潮。1900 年山东义和团运动复起后，其规模之大、地域之广，为全国所仅见。虽然各地义和团斗争都陷入了失败，但斗争沉重打击了帝国主义的侵略势力，充分体现了山东人民不甘屈服帝国主义及其走狗压迫的反抗精神，在中华民族反帝斗争史上谱写了光辉的篇章。

第五节　山东的革命烽火

一、山东地方党组织的建立

　　山东是中国共产党地方组织建立最早的省份之一。1921 年春，经过王尽美、邓恩铭等人积极联络筹备，济南共产主义小组建立。

　　1919 年爆发的五四运动，把山东济南的工人运动推到了一个新的阶段。五四反帝爱国运动的直接起因是山东问题，山东人民更有切肤之痛，因此，"内惩国贼、外争主权"的呼声尤为强烈。工人阶级也投入到了这一斗争中，并从中受到了锻炼。这就为济南党组织的成立奠定了阶级基础，1921 年 6 月，济南共产主义小组成员有 8 至 9 人，全国党员人数达 50 多人，在全国范围内正式成立中国共产党的条件已经成熟。这时，由上海共产主义小

∧东流水街 111 号，中共山东省委秘书处旧址

组的李达发函给济南小组，要求选派代表参加党的"一大"。济南小组选举王尽美、邓恩铭为代表，于 7 月南下上海参加会议。他们两位是到达上海较早的代表，并且参加了"一大"的全过程。他们两位又是会议参加者中年龄较轻、学历最浅、出身最贫苦的代表：一位是出身于佃农的 23 岁的师范生，一位是出身于水族贫苦家庭的 20 岁的中学生。他们在党的第一次全国代表大会上，虚心好学，表现活跃。王尽美、邓恩铭和各地共产主义小组的代表一起共商建党大计，通过了党的第一个纲领和党的任务的决议，选举产生了中央领导机构，为中国共产党的成立做出了宝贵的贡献。此后，齐鲁大地星火燎原，许多地方纷纷建立党组织。山东的党组织建立以后，积极领导工人运动、学生运动和农民暴动，扩大了山东的革命力量。

二、血与火的八年

1937 年 7 月 7 日，日本侵略者突然袭击北平卢沟桥中国驻军，悍然发动了全面侵华战争。9 月底，日军侵入山东。国民党第三集团军总司令

悠久的山东历史

韩复榘率十万大军不战而逃，日军数月之内占领了山东所有铁路和济南、青岛等城市。进行了疯狂的屠杀和掠夺。

知识小百科

枇杷山万人坑

自1940年冬至1945年秋，侵华日军在占领山东期间，将逮捕或俘虏的抗日军民押解到济南受审，并在西郊琵琶山屠杀，留下一座"万人坑"。全国解放之后，为搜集日本侵华战争罪犯的罪证材料，相关部门曾在琵琶山"万人坑"挖掘、鉴定。在长宽都不足50米的"万人坑"中挖掘出大小8个尸穴。挖掘出的尸骨较完整的有746具，尸骨零乱无法认定的难计其数。济南试验机厂自1958年建厂，每逢扩建厂房时，还不断挖掘出大量尸骨。1990年抗日战争胜利45周年，为悼念死难者，进行爱国主义教育，济南试验机厂在万人坑原址建"济南琵琶山万人坑纪念碑"。

日本侵略者的暴行，激起山东人民的英勇反抗。在中国共产党领导下，齐鲁大地到处燃起了抗日的烽火。徂徕山起义、天福山起义、黑铁山起义，湖西、鲁南、鲁北、潍北等地四处响起抗日的枪声，一支支抗日武装力量，在血与火的斗争中诞生。一个个抗日根据地在艰苦卓绝的困难条件下发展壮大。地道战、地雷战、铁道游击队、敌后武工队四处开花，布成天罗地网，使侵略者陷入人民战争的汪洋大海之中。

八年抗战，山东八路军及民兵对日伪军作战两万多次，毙伤俘获日伪军五十余万。

在中国共产党倡导的抗日民族统一战线旗帜下，山东全省人民包括广大民主人士和国民党爱国将领积极参加抗战，共同抵御日寇的侵略。由于山东人民的全力支持，台儿庄会战取得胜利，鼓舞了全国人民的抗战志气。

富有光荣革命传统的山东人民不屈不挠，前赴后继，经过八年艰苦卓

绝的浴血奋战，终于将日本侵略者赶出了山东，赶出了中国。山东人民为中国抗日战争的胜利做出了杰出的贡献。

1 地雷战

　　抗日战争时期，山东、山西、河北等敌后抗日根据地的游击队、民兵和人民群众，创造性地运用地雷武器开展伏击战、破交战、围困战、破袭战、麻雀战，使"铁西瓜"遍地开花，炸得日寇心惊胆战，谈雷色变。山东省海阳县的地雷战威震敌胆，闻名中外。当时流传着这样一首歌谣："海阳的铁西瓜，威名传天下。……直把那日军，打发回'老家'。"

　　据统计，于化虎用地雷炸死炸伤日伪军 171 人，赵守福用地雷毙伤敌人 138 人。海阳县涌现出"爆炸大王"11 名。赵疃、文山后、小滩村被胶东军区誉为"特等模范爆炸村"，海阳县被胶东军区授予"战斗模范县"的光荣称号。

地雷战雕塑 >

悠久的山东历史

地雷战是中国军民同日寇进行斗争的一种有效战法,狠狠地打击了日本侵略者,充分显示了人民战争的巨大威力。

2 铁道游击队

1938年3月,日军侵占枣庄。枣庄路矿工人洪振海、王志胜参加抗日武装,后编入苏鲁人民抗日义勇队。1939年,洪振海等3人袭击日本洋行,缴获步枪、手枪各一支。以后又发展了李金山等3名铁路工人。不久,他们袭击从枣庄开出的日本军火列车,获步枪12支、机枪2挺,送到八路军苏鲁支队。接着,又发展了6名铁路工人为队员,取名为铁道游击队,洪振海为队长。1940年2月,苏鲁支队将其正式命名为铁道游击队,并派杜季伟任政委,全队发展到15人。4月,在临城至韩庄的铁路线上,又组织起第二支铁道游击队,共21人,由孙茂生任队长。5月,在临城以北辛庄组织起第三支铁道游击队,共20人,由李文庆任队长。同年6月,根据鲁南军区的指示,将活动在枣庄、临城地区的几支铁道游击队合编为铁道游击大队。

1942年1月,山东日军纠集徐州、济南、青岛各地日伪军"扫荡"鲁中南地区。游击队员广泛破袭津浦、临枣线,在枣庄制造敌火车头相撞,在临城以南破坏敌电线,为八路军和人民群众安全转移赢得了时间。铁道游击队还成功护送刘少奇、陈毅、罗荣桓等千余名各级干部过境.被萧华

将军誉为"怀中利剑，袖中匕首"！

随着形势的发展，铁道游击队于 1943 年春编入鲁南军区独立支队，队员发展到 400 余人。后又编入鲁南军区第 2 军分区。

为纪念著名的抗日武装铁道游击队，中共山东省微山县委、微山县人民政府研究决定在微山岛筑造铁道游击队纪念碑。

知识小百科

沂蒙红嫂明德英

明德英，1911 年出生于沂南县岸堤村，两岁时因病致哑，25 岁嫁给横河村的李开田。1941 年 11 月 3 日晚，在日伪军突然包围山东纵队司令部的激烈战斗中，一名遍体鳞伤的小战士艰难地跑到明德英家中。明德英把小战士隐藏好并为他包扎伤口。在周围没有水源的情况下，她毅然将自己的乳汁喂进小战士干裂的口中。之后又杀了两只母鸡熬成鸡汤为小战士滋补身体，经过明德英半个多月的精心料理，小战士终于康复并返回了部队。

明德英救护八路军战士的情节，后被写入小说《红嫂》，沂蒙红嫂用乳汁救伤员的故事随之传遍全国，家喻户晓，明德英也被公认为沂蒙红嫂的生活原型。

3 台儿庄战役

日本侵略军 1937 年 12 月 13 日和 27 日相继占领南京、济南后，为了迅速实现灭亡中国的侵略计划，连贯南北战场，决定以南京、济南为基地，从南北两端沿津浦铁路夹击徐州。

台儿庄是徐州的门户，它位于徐州东北 30 公里的大运河北岸，临城至赵墩的铁路支线上，北连津浦路，南接陇海线，扼守运河的咽喉，是日军夹击徐州的首争之地。

1938 年 3 月 24 日，日本侵略军濑谷支队向台儿庄发起进攻，与中国守军第 2 集团军第 31 师展开激战。日军一部突入东北角，被守军击退。27 日，

悠久的山东历史

<台儿庄战役旧址

濑谷支队主力一部突入北门，第 31 师与敌展开拉锯战，守军伤亡甚重。28 日，突入台儿庄的日军被第 31 师围攻，敌方损失惨重。29 日，李宗仁命令第 2 集团军死守台儿庄阵地，并严令汤恩伯部南下，协助第 2 集团军解决台儿庄之敌。31 日，中国军队将进入台儿庄之敌完全包围。4 月 3 日，中国军队向日本侵略军发起攻击。日军拼力争夺，占领了市街大部。中国军队一次又一次反击，展开街垒战，夺回被日军占领的市街。双方陷于苦战。6 日晚，中国军队全线攻击濑谷支队。战至 7 日凌晨，除一部日军突围至峄县附近固守待援外，被围之敌全部被歼。

台儿庄战役是中国军队取得的一次重大胜利。在历时半个月的激战中，中国军队付出了巨大牺牲，参战部队 4.6 万人，伤亡失踪 7500 人。在中国军队的英勇抗击下，取得了歼灭日军 1 万余人的巨大胜利。此次战役沉重地打击了日本侵略者的凶焰，鼓舞了全国军民坚持抗战的斗志。

三、孟良崮战役

1947 年 5 月中旬，华东野战军在临沂以北山区的孟良崮地区，一举歼灭被称为国民党军队"五大主力"之一的整编 74 师所部 3 万余人，重挫了国民党军队对山东解放区的重点进攻。

1947 年 3 月，蒋介石对山东解放区实施了重点进攻，由顾祝同指挥

孟良崮战役雕塑 >

24 个整编师共约 45 万人，向山东根据地扑来。陈毅、粟裕率领华东野战军灵活机动，寻机歼敌。但因敌军高度集中，未能达到预期目的，便于 5 月上旬率主力转至蒙阴、新泰、莱芜以东隐蔽集结，寻找战机。顾祝同见解放军东撤，即令各部"跟踪进剿"，并特命第 1 兵团司令汤恩伯率领整编 74 师以及 25 师和 83 师，进军沂水。我军就此拉开了孟良崮战役的帷幕。

双方在孟良崮上展开了争夺战，战况非常激烈。华东野战军 23 师夺取万泉山后，立即向 74 师中心阵地发动攻击。整编 74 师原为国民党军 74 军。该师全系美械装备，为甲种装备师，号称国民党五大主力之一，是蒋介石指定的典范部队。师长张灵甫毕业于黄埔军校第 4 期，在陆军大学甲级将官班受过培训，抗日战争时期，曾被誉为模范军人。华东野战军在山东人民的大力支援下，一举全歼国民党军精锐"五大主力"之一整编第 74 师，沉重打击了国民党军队，粉碎了国民党军对山东的重点进攻。

四、济南战役

1948 年 9 月 16 日，华东野战军对济南发起全线攻击，于 9 月 24 日攻克济南。济南战役是人民解放军攻克国民党军重点设防的大城市的开始，也是蒋介石以大城市为重点的"重点防御体系"总崩溃的开始。这一战役

悠久的山东历史

揭开了人民解放战争战略决战的序幕。

1948年秋，国民党军被迫改"分区防御"为"重点防御"后，蒋介石令第二"绥靖区"司令官王耀武所部固守济南，在徐州及其附近地区集中17万人的3个机动兵团伺机北援。济南作为津浦、胶济铁路交会点，北靠黄河，南倚泰山，地形险要，易守难攻。第二"绥靖区"以济南内城为核心防御阵地，以外城和商埠为基本阵地，以济南外围县镇及制高点构成外围阵地，各阵地内均构筑众多的永备和半永备型工事，形成能独立作战的支撑点。集中兵力约11万人。

中共中央军委命令华东野战军攻取济南，同时准备打击徐州北援之国民党军。华东野战军遂集中兵力，组成攻城、打援两个兵团，由代司令员兼代政治委员粟裕统一指挥。攻城兵团由约14万人组成，由山东兵团司令员许世友、华东野战军副政治委员兼山东兵团政治委员谭震林、副司令员王建安统一指挥。打援兵团由约18万人组成，由野战军司令部直接指挥。攻城兵团于9月16日晚发起攻击后，迅速突破济南外围防线。经8昼夜激战，至9月24日全歼国民党内城守军（内1个军起义），俘第二"绥靖区"司令官王耀武、副司令官牟中珩和国民党山东党部主任委员庞镜塘。济南战役，共歼国民党军10.4万余人（内起义2万人），俘国民党军高级将领23人，缴获各种火炮800多门，坦克、装甲车20辆，汽车238辆。济南战役的胜利，使华北、华东两大解放区连成一片，沉重地打击了国民党军坚守大城市的信心，锻炼和提高了人民解放军攻坚作战能力。

<济南战役纪念馆

第四章

齐鲁英杰　群星璀璨

　　孔子是我国古代伟大的思想家，教育家，政治家，世界十大历史名人之一。孔子的思想及学说不但对中国两千多年的历史产生了极其深远的影响，也同样受到世界各国的尊敬和崇仰。1988年，75位诺贝尔奖的获得者在巴黎发表联合宣言，共同向全世界呼吁："21世纪人类要生存，就必须汲取两千年前孔子的智慧。"

八　王羲之《兰亭序》（局部）

第一节　儒家至圣——孔子

孔子，字仲尼。春秋时期鲁国人。公元前 551 年出生于鲁国陬邑昌平乡（今山东省曲阜市东南），死于公元前 479 年，享年 73 岁，葬于曲阜城北泗水之上，即今日孔林所在地。

孔子是我国古代伟大的思想家和教育家，儒家学派创始人，世界最著名的文化名人之一。编撰了我国第一部编年体史书《春秋》。孔子的言行思想主要载于语录体散文集《论语》及西汉时司马迁所著《史记·孔子世家》。

孔子幼年丧父，随寡母种田谋生，家境相当贫寒。孔子从小勤学好问，聪明好学，二十岁时候，就已经非常渊博，被当时人称赞为"博学好礼"。孔子青年时代曾做过"委吏"（管理仓库的小官）、"乘田"（管理牧场的小官），事无大小，均能做到近乎完美。由于孔子超凡的能力和学识，很快得到不断提拔。到孔子五十一岁的时候，被任命为中都宰，政绩非常显著；一年后升任司空，后又升任大司寇；五十六岁时，又升任代理宰相。孔子执政仅三个月，鲁国内政外交等各个方面就均大有起色，国家实力大增，百姓安居乐业，各守礼法，社会秩序非常好（史书上称"路不拾遗，夜不闭户"）同时，孔子还通过外交手段，逼迫齐国将在战争中占有鲁国的大片领地还

齐鲁英杰　群星璀璨

给了鲁国。孔子杰出的执政能力让齐国倍感威胁，于是设置送鲁哀公美女良马从而让鲁国国君沉溺于酒色这样卑鄙的计谋，以此挤走孔子。孔子离开鲁国后周游列国，虽然大多数时候都受到了国君的礼遇，但由于孔子坚持的政治理想与当时急功近利的"霸道"不相符合，历经十四载不得重用。于是孔子于 68 岁时返回鲁国。

政治上不得意的孔子，一生中有一大半的时间，是从事传道、授业、解惑的教育工作。他创造了卓有成效的教育、教学方法；总结、倡导了一整套正确的学习原则；形成了比较完整的教学内容体系；提出了一系列有深远影响的教育思想；树立了良好的师德典范。孔子打破了教育垄断，开创了私学。孔子弟子多达三千人，其中贤人 72，其中有很多成为各国栋梁。孔子对后世影响深远，他在世时是当时社会上最博学者之一，去世后被后世尊为至圣（圣人之中的圣人）先师、万世师表。

< 孔子杏坛设教图

我爱山东

孔子62岁时，曾这样形容自己："其为人也，发愤忘食，乐以忘忧，不知老之将至云尔。"当时孔子已带领弟子周游列国9个年头，历尽艰辛，不仅未得到诸侯的任用，还险些丧命，但孔子并不灰心，仍然乐观向上，坚持自己的理想，甚至是明知其不可为而为之。

孔子以好学著称，对于各种知识都表现出浓厚的兴趣，因此他多才多艺，知识渊博，在当时是出了名的，几乎被当成无所不知的圣人。但孔子自己不这样认为，孔子曰："若圣与仁，则吾岂敢？抑为之不厌，诲人不倦。"孔子学无常师，谁有知识，谁那里有他所不知道的东西，他就拜谁为师，因此说"三人行，必有我师焉"。

孔子生性正直，又主张直道而行，他曾说："吾之于人也，谁毁谁誉？如有所誉者，其有所试矣。斯民也，三代之所以直道而行也。"《史记》载孔子三十多岁时曾问礼于老子，临别时老子赠言曰："聪明深察而近于死者，好议人者也。博辩广大危其身者，发人之恶者也。为人子者毋以有己，为人臣者毋以有己。"这是老子对孔子善意的提醒，也指出了孔子的一些毛病，就是看问题太深刻，讲话太尖锐，伤害了一些有地位的人，会给自己带来很大的危险。怀着与人为善的理念孔子创立了以仁为核心的道德学说，他自己也是一个很善良的人，富有同情心，乐于助人，待人真诚、宽厚。"己所不欲，勿施于人"、"君子成人之美，不成人之恶"、"躬自厚而薄责于人"等等，都是他的做人准则。

第二节　儒家亚圣——孟子

"富贵不能淫，贫贱不能移，威武不能屈。"这掷地有声的言辞是孟子

< 孟子像

所阐述的人格标准，两千多年来中国人一直把它作为格言传诵至今。孟子是继孔子之后，儒家学派的又一位代表人物，古代被尊为"亚圣"。他是战国时期伟大的思想家和教育家。

孟子名轲，出生在战国时的邹国，相传具体地点是在山东邹县城北马鞍山之旁的凫村。孟子的生卒年，今古考证的文字很多，各执一词。比较可信的是生于公元前390年，死于公元前305年。

孟子三岁丧父，是母亲仉氏把他抚养成人。孟母教子的故事，流传至今。

孟子从40岁开始，除了收徒讲学之外，开始接触各国政界人物，奔走于各诸侯国之间，宣传自己的思想学说和政治主张。

孟子政治思想的核心是"仁政"，"仁政"学说是对孔子"仁学"思想的继承和发展。孔子的"仁"是一种含义极广的伦理道德观念，其最基本的精神就是"爱人"。孟子从孔子的"仁学"思想出发，把它扩充发展成包括思想、政治、经济、文化等各个方面的施政纲领，就是"仁政"。"仁政"的基本精神也是对人民有深切的同情和爱心。

孟子的"仁政"在政治上提倡"以民为本"，孟子认为，对一个国家

来说"民为贵，社稷次之，君为轻"。他还说：国君有过错，臣民可以规劝，规劝多次不听，就可以推翻他。孟子反对兼并战争，他认为战争太残酷，主张以"仁政"统一天下。在经济上，孟子主张"民有恒产"，让农民有一定的土地使用权，要减轻赋税。

孟子"仁政"学说的理论基础是"性善论"。孟子说"恻隐之心，人皆有之"。他认为善是人类所独有的一种本性，也是区别人和动物的一个根本标志。他还强调要重视对人的教育，强调客观环境对人的影响。

孟子认为人只有在逆境中奋斗，才能激发出强烈的进取精神。人只有在忧患中才能生存，贪图安乐就必然会导致灭亡。孟子非常重视人格修养，他认为人生有比生命更重要的东西，那就是"正义"。为了"正义"可以舍去生命，即他说的"舍生取义"。

孟子的思想影响深远，他的"民本思想"成为后来改革者、革命者的理论依据。他的人格标准，激励着历代仁人志士不畏权贵，为真理和正义而勇敢抗争。

第三节　一代贤相——管仲

管仲（前723—前645年），名夷吾，字仲，安徽颍上人。春秋时杰出的政治家。著有《管子》一书，共86篇，今存76篇。

管仲出身贫寒，早年曾与鲍叔牙游学并合伙经商，因母老家贫，常受鲍叔牙资助，成为挚交。青年时期的管仲，一方面受其曾显赫辉煌一时的家族史的影响，超凡脱俗，志存高远，具有干一番轰轰烈烈大事业的意识。另一方面家境的贫困，谋生的坎坷，使管仲具有了坚韧不拔的进取精神；

乱世的纷争，时局的动荡，锻炼、铸就了管仲明察世态、洞悉时局的能力。他为了实现功名显于天下的志向，学先贤、习武艺、交友共勉、调查实践，多方吸纳齐家、治国、平天下之道，为其后来能成为治齐贤相、称霸诸侯、建立伟功奠定了坚实的基础。

管仲早期的个人奋斗是不顺的：经商赔本、做官被逐、打仗败北、辅佐公子纠沦为阶下囚。但是这些磨难正丰富了他的阅历，磨练了他的意志，积累了他的处世经验，提高了他的政治素质，于是才有了他后来的抓住机遇，一举功成。

齐襄公乱政时，管仲助公子纠与公子小白争位，险些亲手射杀公子小白。后来小白继位，是为齐桓公。在鲍叔牙鼎力推荐下，齐桓公不计一箭之私仇，任用管仲为相。管仲报知遇之恩，辅佐齐桓公图霸，真乃贤相遇明君，明君逢贤相，君臣知遇，相得益彰。齐桓公对管仲几近言听计从，使管仲的经天纬地之才得到淋漓尽致的发挥。管仲治齐40年，对内政、经济、军事都进行了全面改革，制订了一系列富国强兵的方略。他提出"仓廪实则知礼节，衣食足则知荣辱"的论点，把礼、义、廉、耻看做国之四维，认为"四维不张，国乃灭亡"（《管子·牧民》）；他知人善任，举荐了大批的贤能之士；他改革内政，稳定了齐国的社会秩序；他发展经济的富民政策，使齐国国力大增，民富国强；他修治甲兵，壮大了军事力量；他"尊王攘夷"，扩大了齐国的政治影响；他礼法并用，确立齐国的霸主

<管仲纪念馆

我爱山东

地位。管仲辅佐齐桓公近40年，把一个原来"地舄卤、人民寡"的齐国治理得国富兵强，成为春秋时期的第一霸主。

公元前645年，管仲逝世，他的死引起了齐国朝野上下的悲痛，人们把他安葬在齐国都城临淄城南的牛山上，为他树立了高大的石碑，永远纪念他对后世的功德。管仲辅佐齐桓公称霸一个世纪后，孔子曾赞叹管仲的功绩说，管仲辅佐齐桓公，称霸诸侯，挽救周室，使百姓受惠直到现在。若是没有管仲，我们大概要披散头发，左开衣襟，成为蛮夷统治下的老百姓了。这反映出管仲相齐的功绩在华夏文化发展过程中的特殊作用。

知识小百科

管鲍之交

管仲年轻时家境贫困，鲍叔牙发现管仲有才能，交为好友，经常和管仲往来。管仲常占小便宜，鲍叔牙并不以为意，反而处处为他设想，一直都善待管仲。

齐襄公乱政，鲍叔牙随公子小白出奔至莒国，管仲则随公子纠出奔鲁国。齐襄公被杀，纠和小白争夺君位。管仲为助纠箭射小白中带钩，小白装死躲过一劫。后小白即位，即齐桓公。桓公囚管仲，鲍叔牙知道管仲之贤，举荐管仲替代自己的职位，而自己则甘居于管仲之下。齐国因为管仲的治理而日渐强盛，被时人誉为"管鲍之交"，管仲和鲍叔牙之间深厚的友情，已成为中国代代流传的佳话。在中国，人们常常用"管鲍之交"，来形容自己与好朋友之间亲密无间、彼此信任的关系。

第四节　兵圣——孙武

孙武，字长卿，后人尊称其为孙子、孙武子。他出生于公元前535

年左右的齐国乐安（今山东惠民），具体的生卒年月日不可考。

　　孙武出身于军旅世家，幼年学习环境优越，得以阅读古代军事典籍《军政》，了解黄帝战胜四帝的作战经验以及伊尹、姜太公、管仲的用兵史实。加上当时战乱频繁，兼并激烈，他的祖父、父亲都是善于带兵作战的将领，他从小也耳闻目睹了一些战争，这对少年孙武的军事方面的培养是非常重要的。但孙武生活的齐国，内部矛盾重重，危机四伏。孙武对这种内部斗争极其反感，不愿纠缠其中，萌发了远奔他乡、另谋出路去施展自己才能的念头。

　　当时南方的吴国联晋伐楚，国势强盛，很有新兴气象。孙武认定吴国是他理想的施展才能和实现抱负的地方。大约在齐景公三十一年（公元前517 年）左右，孙武正值 18 岁的青春年华，他毅然离开乐安，长途跋涉，投奔吴国而来，孙武一生事业就在吴国展开。

　　孙武来到吴国后，辟隐深居，潜心著述。他一方面得益于父辈的教诲，另一方面，得到齐、吴文化的熏陶，再加上自己的聪慧和毅力，学到了的有关战争的渊博知识，造就了深厚的文学素养，从而开始了兵书的创作，终于撰写成了"兵法十三篇"。

　　公元前 512 年孙武由伍子胥数次推荐，孙武持"兵法十三篇"见吴王

<孙子塑像

我爱山东

阖闾。吴王读后，虽对兵法十三篇甚为欣赏，赞不绝口。但是，对孙武有无军事指挥才能尚有疑惑。为了进一步考察孙武的实战指挥本领，向孙武提出："可以小试勒兵乎？"对曰："可。"阖闾曰："可试以妇人乎？"曰："可。"于是便出现了一个颇富戏剧性的"见吴王，斩美姬"的故事。结果，孙武取得吴王的信任，遂拜为吴将。

公元前506年，吴王阖闾以孙武为主将，开始了"破楚入郢之战"。在孙武直接指挥下，五战入郢，大获全胜。在这一战役中，孙武的指挥才能得到了充分的发挥，为他留下了千古美名。战国时期的尉缭子盛赞他的赫赫战功："有提十万之众而天下莫当者，谁？曰：桓公也。有提七万之众而天下莫当者，谁？曰：吴起也。有提三万之众而天下莫当者，谁？曰：武子也。"可见，孙武的指挥才能，远远超越了齐桓公、吴起，而只提三万之兵一举消灭了楚军二十万之众，刨造了人类战争史上以少胜多、以弱制强的奇迹。

破楚入郢之后，吴国逐渐强大起来。吴王阖闾死后，太子夫差继位，孙武又辅佐夫差争霸，于公元前494年攻打越国，占领会稽（今浙江绍兴）；公元前484年艾陵之战，大胜齐军；公元前482年率大军会盟于黄池，与晋国争当盟主。

孙武在三十年的壮年期间，协助吴王把弱小的吴国发展成强国，西破强楚，北威齐晋，南服越人，显名诸侯，为吴国取得霸主地位，立下赫赫战功。事实雄辩地证明：孙武不仅是一位超群的军事理论家，而且也是一位杰出的军事指挥家。

晚年的孙武又过上"辟隐深居、著书立说"的生活。壮年期间积三十年战争之经验，进一步修改、充实"十三篇"的内容，使之更加成熟。孙武除十三篇兵法外，肯定还有其他著述。后代整理的《孙子兵法》卷数不侔，也部分说明了这一点，尤其银雀山汉墓出土的竹简，除兵法十三篇，还有孙武佚文五篇，这更无疑地证明孙武定有其他宏论。遗憾的是，至今为止，尚无新的发现。

孙武练兵 三令五申

有一天孙武带着自己的《兵法》去见吴王阖闾，吴王说："你的十三篇兵法我都看过了，能用我的军队试试吗？孙武说可以。吴王又问："宫女也可以吗？"孙武说也可以。于是吴王便拨了一百多位宫女给他。孙武把宫女编成两队，用吴王最宠爱的两个妃子为队长，然后把一些军事的基本动作教给她们，并反复告诫她们不可违背军令。不料孙武开始发令时，宫女们觉得好玩，都大笑了起来。孙武以为自己话没说清楚，便重复演示一遍，宫女们还是只顾嬉笑。孙武生气了，便下令把队长拖去斩首。吴王听说了，急忙向他求情。但是孙武说："君王既然已经把她们交给我来训练，我就必须依照军队的规定来管理她们，任何人违犯了军令都该接受处分，这是没有例外的。"结果还是把队长给杀了。宫女们一个个吓得脸色发白，没有一个人敢再开玩笑了。后来人们把孙武向女兵再三解释的做法，引伸为"三令五申"，即反复多次向人告诫的意思。

第五节　墨家始祖——墨子

墨子，约公元前480年～公元前390年，名翟，鲁小邾国人（今山东省滕州市人）。战国时期著名的思想家、教育家、军事家、社会活动家，也是先秦诸子中唯一的自然科学家，墨家学派的创始人，并有《墨子》一书传世。其主要思想有兼爱、非攻、尚贤、尚同、节用、节葬、非乐、天志、明鬼、非命十项。墨学在当时影响很大，与儒家并称"显学"。

墨子精通手工技艺，可与当时的巧匠鲁班相比。他自称是"鄙人"，被人称为"布衣之士"。墨子曾做过宋国大夫，自诩说"上无君上之事，

墨子塑像 >

下无耕农之难", 是一个同情"农与工肆之人"的士人。墨子曾经从师于儒者, 学习孔子之术, 称道尧舜大禹, 学习《诗》、《书》、《春秋》等儒家典籍。但后来逐渐对儒家繁琐礼乐感到厌烦, 最终弃儒倡墨, 形成自己的墨家学派。墨家是一个宣扬仁政的学派。墨子一生的活动主要在两方面, 一是广收弟子, 积极宣传自己的学说, 二是不遗余力地反对兼并战争。

墨子天资聪慧, 据说他用木头削成的车轴, 能承受六百斤重的物体; 看到满山的野果壳在雨水浸泡之后流出色液, 就发明了坑布之法引导山民坑染布料。墨子还把自己对坑布技术的感悟上升到哲学的思维高度, 这就是后来他写的名篇《所染》。由此可见, 这位墨子还是一位发明家、科学家。

他还擅长守城技术, 其弟子将他的经验总结成《城守》二十一篇。在军事上知道以兵制兵、以战制战、以术制术、以器制器。为此, 他写了《非攻》、《备城门》等一系列军事名篇。

墨子在学习中, 常把学到的知识与实践相对照, 写出了《非儒》、《非乐》、《节葬》、《节用》等名篇。许多知名之士都投奔到墨子门下。墨子对其门徒不但授以思想理论, 更重视在实践中学习, 关键时刻还能挺身而出,

齐鲁英杰　群星璀璨

出兵打仗。历史上有名的墨子止楚攻宋的故事，就充分说明了这一点。

在墨子的著作中，还有一部分学说涉及自然科学，如力学、光学、声学等。小孔成像原理还是墨子最早发现的。他的微分学原理，也比西方要早。因此，他被西方科学界称为东方的德谟克利特。

由于墨子主张从劳动者中选拔人才，受到普通民众的欢迎，因而墨子被称为平民圣人。

墨子老年隐居于鲁山县熊背乡黑隐寺并卒葬于此，现存有土掉沟、黑隐寺、坑布崖、墨子城等古迹供人们瞻仰。

第六节　书圣——王羲之

王羲之（303-361年，又作321-379年），东晋书法家，字逸少。原籍琅琊人（今属山东临沂）。官至右军将军，会稽内史，人称"王右军"。

王羲之出身于两晋的名门望族，王羲之的父亲王旷，历官淮南丹阳太守、会稽内史；伯父王导，历事元帝、明帝、成帝三朝，出将入相，官至太傅，南渡后朝政之稳定，皆赖其力。当时有民谚："王与马，共天下"，可以想见其家族之煊赫。羲之幼时不善于言辞，长大后却辩才出众，且性格耿直，享有美誉。晋太尉郗鉴选择女婿，"坦腹东床"的典故就出于王羲之。他在当时是朝野看好的人物。

据史书记载，朝廷看重王羲之的才气，屡屡召举为官，他却屡屡辞谢。后为征西将军庾亮参军，累迁至长史，晋宁远将军、江州刺史，官至右军将军、会稽内史。他后来与王述不和，称病去职，归隐会稽。王羲之晚年移居于剡地之金庭（今浙江嵊州市金庭镇），与当时名士谢安等在此寄情

王羲之像〉

山水，安度晚年，去世后即安葬于瀑布山下。

　　王羲之自幼酷爱书法，由父王旷、叔父王廙启蒙，七岁善书，十二岁时经父亲传授笔法论，"语以大纲"，即有所悟。王旷善行、隶二书；王廙擅长书画，王羲之从小就受到王氏世家深厚的书学熏陶。卫夫人名铄，师承钟繇，妙传其法。她给王羲之传授钟繇之法以及她自己酿育的书风与法门。以后王羲之渡江北游名山，博览秦汉以来篆隶淳古之迹，见与卫夫人所传"钟法新体"有异，因而对于师传有所不满。经观摩各家，博采众长，终于"兼撮众法，备成一家"，达到了"贵越群品，古今莫二"的高度。

　　王羲之志存高远，富于创造。他学钟繇，自能融化。钟书尚翻，真书亦具分势，用笔尚外拓，有翩若惊鸿之势，所谓"钟家隼尾波"。王羲之心仪手追，但易翻为曲，减去分势，用笔尚内抵，不折而用转，所谓右军"一瑝直下"。他学张芝也是自出机抒。王羲之对张芝草书"剖析"、"折衷"，对钟繇隶书"损益"、"运用"，对这两位书学大师都能"研精体势"。

　　王羲之书法影响了一代又一代的书苑。历史上第一次学王羲之高潮在南朝梁，第二次则在唐。唐太宗极度推尊王羲之，不仅广为收罗王书，且亲自为《晋书·王羲之传》撰赞辞，从此王羲之在书学史上至高无上的地位被确立并巩固下来。宋、元、明诸朝学书人，无不尊晋宗"二王"。清代虽以碑学打破帖学的范围，但王羲之的书圣地位仍未动摇。

王羲之的书法作品很丰富，除《兰亭序》外，著名的尚有《官奴帖》、《十七帖》、《二谢帖》、《奉桔帖》、《姨母帖》、《快雪时晴帖》、《乐毅论》、《黄庭经》等。其书法主要特点是平和自然，笔势委婉含蓄，遒美健秀，后人评曰："飘若游云，矫若惊龙"，王羲之的书法是极美的。

知识小百科

天下第一行书《兰亭序》

在我国书法史上，有一篇被历代书家公认为举世无匹的"天下第一行书"，这就是王羲之的《兰亭序》。

永和九年的三月三日，王羲之和一些文人，共四十一位，到兰亭的河边喝酒作诗。作完了诗，大家把诗搜集起来，合成一本《兰亭集》，公推王羲之作一篇序文，记述当时文人雅集的情景。这篇序文，就是后来名震千古的《兰亭集序》。《兰亭序》结体奇丽多姿，错落有致，千变万化，曲尽其态，帖中二十个"之"字皆别具姿态，无一雷同。用笔以中锋立骨，侧笔取妍，有时藏蕴含蓄，有时锋芒毕露。尤其是章法，从头至尾，笔意顾盼，朝向偃仰，疏朗通透，形断意连，气韵生动，风神潇洒。宋代米芾称之为"天下行书第一"。唐太宗李世民酷爱王羲之书法，千方百计得到了《兰亭序》，死后把真迹带进昭陵作为陪葬品。所以我们现在只能看到下真迹一等的唐代摹本。

第七节　书坛巨擘——颜真卿

颜真卿（709-785 年），字清臣，祖籍琅琊（今临沂市）人，唐代大臣，

著名书法家。

颜真卿于唐玄宗开元中举进士，先后任监察御史，殿中侍御史，东都畿采访判官等职。因不畏权贵，为奸相杨国忠所恶，调任平原（今属山东）太守。

天宝年间，平卢、范阳、河东3镇节度使安禄山暗地招兵买马，阴谋叛乱，颜真卿对此有所觉察，积极进行防御准备，调集兵丁，制械存粮。天宝十四年（755年）十一月，安禄山在范阳叛乱，河北诸郡连被叛军攻陷，唯独平原城防完备，未被攻破。颜真卿一面招募兵士万余人坚持抗敌；一面派其外甥卢逖到常山郡，约其堂兄、代理常山太守颜杲卿共同起兵讨伐叛军。河北17郡县云起响应，共推颜真卿为盟主，合兵20万，声威大振，安禄山唯恐后路截断，不敢急进潼关，遂退兵洛阳。

唐肃宗至德元年（756年）正月，史思明攻常山郡。颜杲卿率军民奋勇抵抗，苦战6天，城破被执，押送洛阳后被安禄山杀害。杲卿遇难不久，颜真卿率军向西南进攻，攻克魏郡，但由于潼关、长安相继陷落，孤军难守，只好撤出平原，南渡黄河，赴凤翔朝见唐肃宗，被封为刑部尚书，后兼任御史大夫。

颜真卿像>

安史之乱平定后，颜真卿官至吏部尚书、太子太师，封鲁郡公，世称"颜鲁公"。唐德宗兴元元年（784年）正月，淮西节度使李希烈叛唐，奸相卢杞欲乘机借李希烈之手杀颜真卿，便使颜前往劝谕，为李希烈所羁留，是年八月被缢杀于蔡州。

　　颜真卿的书法艺术，在我国书法史上占有重要地位。他初学褚遂良，后又两度弃官去洛阳从张旭学书，又受姻戚陈郡殷氏影响。他善于吸取各家之长，一变古法，自成一格，其楷书端庄敦厚，气势雄浑；行书遒劲郁勃，圆熟而不媚俗，世称"颜体"，与柳公权并称"颜柳"，对后世影响很大，受到历代书家称道。唐吕总在《续书评》中称颜真卿书"锋绝剑摧，惊飞逸势"。宋欧阳修在《六一题跋》中云："颜公书如忠臣烈士道德君子，其端严尊重。"明王世贞《兖州山人藁》评颜鲁公书"风棱秀书，精彩注射，劲节直气，隐隐笔划间。"

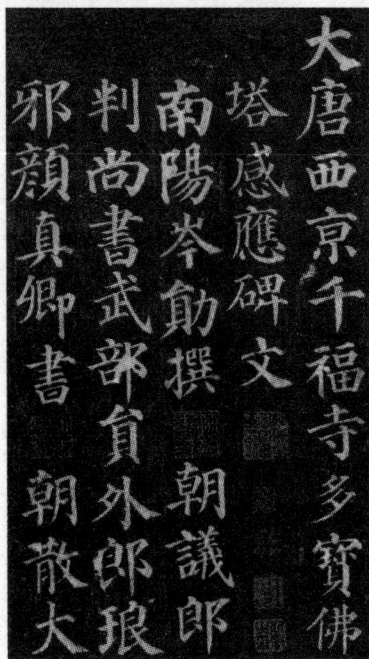

<颜真卿《多宝塔碑》

传世碑贴有《颜氏家庙碑》、《多宝塔碑》、《颜勤礼碑》、《祭侄季明文稿》、《与郭仆射论座次书稿》等。书论有《述张长史笔法十二意》、《颜鲁公文集》。

第八节 农学巨匠——贾思勰

　　贾思勰，北魏孝文帝时益都（今寿光）人，杰出的农业科学家，任过高阳（今山东临淄北部）太守。他用了 11 年时间，在前代农学的基础上，系统地总结我国古代劳动人民农业生产成就，特别是我国北方黄河中下游地区的农业科学技术，约在 6 世纪 30～40 年代写成了中国古代著名的农业科学巨著《齐民要术》。

　　贾思勰十分重视农业生产。认为农业是人民衣食之本，"是为政之首"，只有发展生产，才是富民强国之道。他主张实行奖励农耕的政策，采用推广农业科学技术，改革耕作制度，兴修水利进行灌溉。他提倡节俭和长远打算，告诫人们"穷窘之来"是因为用之无节，忽于蓄积。他说"桀有天下而用不足，汤有七十里而用有余"，其原因就是"用之以节"。

　　《齐民要术》全书共九十二篇，正文大约七万字，注释四万多字，共十一万多字。当时战乱频仍，民生凋蔽，贾思勰从传统的农本思想出发，著书立说，介绍农业知识，以期富国安民。书中总结了中国当时北方农业生产技术的成就，全书包括各种农作物的栽培、选种、浸种、施肥、轮作等精耕细作的方法，各种经济林木的生产，野生植物的利用，家畜、家禽、鱼、蚕的饲养和疾病的防治，以及农、副、畜产品的加工、酿造和食品加工，以至文具、日用品的生产等等，几乎所有农业生产活动都作了比较详细的论述。此外还以很大的篇幅引载了有实用价值的热带、亚热带植物。

特别难能可贵的是，贾思勰还初步提示了生物和环境的相互联系，描述了生物遗传和变异的关系问题。贾思勰介绍了许多改变旧的遗传性、创造新品种的经验，涉及到人工选择、人工杂交和定向培育等育种原理，其中不少经验和论点对于指导今天农业生产仍有现实意义。进化论的创立者，19世纪英国伟大的生物学家达尔文说，他的人工选择思想是从"一部中国古代的百科全书"得到启发的。从达尔文所引述的内容看，不少人认为，这部书就是《齐民要术》。

贾思勰治学态度严谨。为写好这部书，他"采捃经传，爰及歌谣，询之老成，验之行事"。书中引用大量古代的农书、杂著，参酌前人的农学研究成果。广泛收集民间的谚语、歌谣，访问有经验的老农，重视实践经验的总结，并且亲自进行观察、试验。由此可见，贾思勰治学态度严肃认真，一丝不苟。

《齐民要术》问世一千四百多年来，对中外农业科学技术的发展产生了深远影响，是我国乃至世界上保存下来的最早的一部农业科学著作。

＜贾思勰塑像

第九节 "词中之龙"——辛弃疾

辛弃疾（1140 年—1207 年），南宋词人。字幼安，号稼轩，历城（今山东济南）人。辛弃疾存词 600 多首，他是中国历史上伟大的豪放派词人、爱国者、军事家和政治家。

辛弃疾是开一代词风的伟大词人，也是一位勇冠三军、能征善战、熟稔军事的民族英雄。辛弃疾出生时，山东已为金兵所占。二十一岁时，他参加抗金义军，不久归南宋，历任湖北、江西、湖南、福建、浙东安抚使等职。在任职期间，辛弃疾采取积极措施，招集流亡，训练军队，奖励耕战，打击贪吏豪强，注意安定民生。一生坚决主张抗金。在《美芹十论》、《九议》等奏疏中，具体分析当时的政治军事形势，对夸大金兵力量、鼓吹妥协投降的谬论，作了有力的驳斥；要求加强作战准备，鼓励士气，以恢复中原。但他所提出的抗金建议，均未被采纳。

宁宗开禧元年（1205 年），辛弃疾任镇江知府，时年 65 岁，他登临北固亭，感叹对自己报国无门的失望，凭高望远，抚今追昔，写下了《永遇乐·京口北固亭怀古》这篇传唱千古之作。不久，在一些主和派谏官的攻击下被迫离职，辛弃疾于当年重回故宅闲居。虽然后两年都曾被召任职，无奈年老多病，身体衰弱，终于在开禧三年秋天溘然长逝，享年 67 岁。

辛弃疾在文学上与苏轼齐名，号称"苏辛"，与李清照并称"济南二安"。有人这样赞美过他：稼轩者，人中之杰，词中之龙。

强烈的爱国主义思想和战斗精神是辛词的基本思想内容，这首先表现在他的词中，他不断重复对北方的怀念。另外，在《贺新郎》《摸鱼儿》

　　　　　　　　　　　　　　　　　　齐鲁英杰　群星璀璨

等词中，他用"剩水残山"、"斜阳正在，烟柳断肠处"等词句讽刺苟延残喘的南宋小朝廷，表达他对偏安一角不思北上的不满。胸怀壮志无处可用，表现在词里就是难以掩饰的不平之情。面对如画江山和英雄人物，在豪情壮志被激发的同时，他也大发英雄无用武之地的感慨。理想与现实的激烈冲突，为他的词构成悲壮的基调。辛词在苏轼词的基础上进一步扩大了题材范围，他几乎达到了无事、无意不可入词的地步。他将豪放词推至一个顶峰。

在抒发报国之志时，辛弃疾的词常常显示出军人的勇毅和豪迈自信的情调，像"要挽银河仙浪，西北洗胡沙"（《水调歌头》），"马革裹尸当自誓，蛾眉伐性休重说"（《满江红》），"道男儿到死心如铁。看试手，补天裂"（《贺新郎》）等，无不豪情飞扬，气冲斗牛。也有不少吟咏祖国河山的作品。艺术风格多样，而以豪放为主。热情洋溢，慷慨悲壮，笔力雄厚。《破阵子·为陈同甫赋壮词以寄之》、《永遇乐·京口北固亭怀古》、《水龙吟·登建康赏心亭》、《菩萨蛮·书江西造口壁》等均是不朽的名篇。

辛词和苏词都是以境界阔大、感情豪爽开朗著称的，但不同的是：苏轼常以旷达的胸襟与超越的时空观来体验人生，常表现出哲理式的感悟，

<辛弃疾塑像

我爱山东

并以这种参透人生的感悟使情感从冲动归于深沉的平静；而辛弃疾总是以炽热的感情与崇高的理想来拥抱人生，更多地表现出英雄的豪情与英雄的悲愤。因此，主观情感的浓烈、主观理念的执着，构成了辛词的一大特色。

第十节　一代词宗——李清照

　　李清照（1084年—1155年），号易安居士，南宋女词人，济南（今属山东）人，婉约派代表词人。

　　李清照出生于一个爱好文学艺术的士大夫家庭。父亲李格非进士出身，苏轼的学生，官至礼部员外郎，藏书甚富，善属文，工于词章。母亲是状元王拱宸的孙女，很有文学修养。由于家庭的影响，特别是父亲李格非的影响，她少年时代便工诗善词。

　　十八岁时，李清照与赵明诚结婚。婚后，清照与丈夫情投意合，如胶似漆，"夫妇擅朋友之胜"。李清照与太学生赵明诚结婚后一同研究金石书画，过着幸福美好的生活。赵父是当时有名的政治家，官右丞相。婚后，李清照把整个身心都放在文学艺术的深造和金石文字的收集研究上。她同赵明诚互相砥砺，进行词的创作，技法日臻成熟。

　　一年重阳节，李清照作了那首著名的《醉花阴》，寄给在外作官的丈夫："薄雾浓云愁永昼，瑞脑销金兽。佳节又重阳，玉枕纱橱，半夜凉初透。东篱把酒黄昏后，有暗香盈袖。莫道不销魂，帘卷西风，人比黄花瘦。"秋闺的寂寞与闺人的惆怅跃然纸上。赵明诚接到后，叹赏不已，又不甘下风，就闭门谢客，废寝忘食，三日三夜，写出五十阙词。他把李清照的这

　　　　　　　　　　　　　　　　　　　　　齐鲁英杰　群星璀璨

首词也杂入其间,请友人陆德夫品评。陆德夫把玩再三,说:"只三句绝佳。"赵问是哪三句?陆答:"莫道不销魂,帘卷西风,人比黄花瘦。"

1127年,北方金族攻破了汴京,徽宗、钦宗父子被俘,高宗南逃。李清照夫妇也随难民流落江南。飘流异地,多年搜集来的金石字画丧失殆尽,给她带来沉痛的打击和极大的痛苦。第二年赵明诚病死于建康(今南京),更给她增添了难以忍受的悲痛。目睹了国破家亡的清照"虽处忧患穷困而志不屈",在"寻寻觅觅、冷冷清清"的晚年,她殚精竭虑,编撰《金石录》,完成丈夫未竟之功。金兵的横行肆虐激起她强烈的爱国情感,她积极主张北伐收复中原,可是南宋王朝的腐朽无能和偏安一隅,使李清照的希望成为幻影。李清照在南渡初期,还写过一首雄浑奔放的《夏日绝句》:"生当作人杰,死亦为鬼雄。至今思项羽,不肯过江东。"借项羽的宁死不屈反讽徽宗父子的丧权辱国,意思表达得痛快淋漓,表达对宋王朝偏安的愤恨。多年的背井离乡,她那颗已经残碎的心,又因她的改嫁问题遭到士大夫阶层的污诟渲染,受到了更严重的戕害。她无依无靠,呼告无门,贫困忧苦,流徙飘泊,最后寂寞地死在江南。

<李清照画像

李清照词的艺术成就很高，前无古人，后无来者，被尊为婉约宗主，在文学史上占有重要的地位，是中华精神文明史上的一座丰碑。李清照的词作，前期多写其悠闲生活，后期多悲叹身世，情调感伤，有的也流露出对中原的怀念。她创作了不少优秀的抒情词，真实地反映了自己的闺中生活和流落异乡的思想情感。她巧于构思，常常选取一些生活片段写入词中，极具体、细致地展现自己的内心世界。李清照词的语言更是独具特色，优美、精巧，却不雕琢求工。她在遣词造句上很有创造性，像她笔下的花树是"宠柳娇花"，"绿肥红瘦"；天气是"浓烟暗雨"，"风柔日薄"；又以"黄花瘦"比人，都十分新颖、清丽。

李清照也擅长写诗，但留存不多，部分篇章感时咏史，情辞慷慨，与其词风不同。有《易安居士文集》、《易安词》，已散佚。现存的诗文及词集是后人所辑，有《漱玉词》辑本。今人有《李清照集校注》。

知识小百科

李清照旧居

李清照旧居和纪念堂坐落于济南市趵突泉公园内漱玉泉畔。

纪念堂迎门屏风前后两面分别是郭沫若题写的"一代词人"和"传颂千秋"。正厅"漱玉堂"坐北朝南，青瓦起脊，歇山飞檐，门前抱柱上有郭沫若题写的对联："大明湖畔趵突泉边故居在垂杨深处，漱玉集中金石录里文采有后主遗风。"这副对联是对女词人身世和作品的高度概括。厅内陈列着李清照塑像、著作版本以及清照详细的生平及行踪图，还有后人的诗词、题字等。纪念堂是典型的仿宋代建筑。歇山飞檐绮丽多姿，悬山抱厦丰富多变，曲廊凹凸有致，院落花木扶疏，飞亭叠瀑。展室内涵风格各异，从图、文、像、书、画等不同层面展示了一代词人的伟大成就与丰富的一生。

第十一节　旷世奇才——蒲松龄

　　蒲松龄（1640年—1715年）清代小说家，字留仙，号柳泉居士，淄川（今山东淄博）人。所著有诗词、文赋、杂著、俚曲、戏剧等，其文言小说《聊斋志异》脍炙人口，广为流传，饮誉海内外。

　　蒲松龄出身于一个逐渐败落的地主家庭，书香世家，但功名不显。父蒲盘弃学经商，然广读经史，学识渊博。蒲松龄19岁时，以县、府、道三个第一考取秀才，颇有文名，但以后屡试不中。20岁时，与同乡学友王鹿瞻、李希梅、张笃庆等人结"郢中诗社"。后家贫，应邀到李希梅家读书。

　　31—32岁时，蒲松龄应同邑进士新任宝应知县、好友孙蕙邀请，到江苏扬州府宝应县做幕宾。这是他一生中唯一的一次离乡南游，对其创作具有重要意义。南方的自然山水、风俗民情、官场的腐败、人民的痛苦，

＜蒲松龄

他都深有体验。

北归后，蒲松龄以到缙绅家设馆为生，开始了他长达三十年的塾师生涯。主人家藏书丰富，使他得以广泛涉猎。这一时期是蒲松龄著述最丰富、生活最充实的一段光阴。71 岁撤帐归家，过了一段饮酒作诗、闲暇自娱的生活。康熙五十二年（1713 年），蒲松龄的妻子病故，蒲松龄精神受到严重创伤，此后的生活也无人照料。康熙五十四年（1715 年）正月二十二日，一代文豪蒲松龄告别了伴随他一生的蒲家小院，溘然长逝。

蒲松龄一生热衷科举，却不得志，72 岁时才补了一个岁贡生，因此对科举制度的不合理深有体验。加之自幼喜欢民间文学，广泛搜集精怪鬼魅的奇闻异事，吸取创作营养，熔铸进自己的生活体验，创作出杰出的文言短篇小说集《聊斋志异》。据说蒲松龄在写这部《聊斋志异》时，专门在家门口开了一家茶馆。请喝茶的人给他讲故事，讲过后可不付茶钱。蒲松龄就把听来的这些事情经过自己的加工润色后记录下来。写到书里面去。

《聊斋志异》是一部具有独特思想风貌和艺术风貌的文言短篇小说集。多数小说是通过幻想的形式谈狐说鬼，但内容却深深地扎根于现实生活的土壤之中，曲折地反映了蒲松龄所生活的时代的社会矛盾和人民的思想愿望，熔铸进了对生活的独特的感受和认识，寄托了作者的理想。全书共有短篇小说 520 篇。题材非常广泛，内容极其丰富，艺术成就很高。作品成功地塑造了众多的艺术典型，人物形象鲜明生动，故事情节曲折离奇，结构布局严谨巧妙，文笔简练，描写细腻，堪称中国古典文言短篇小说之巅峰。郭沫若对他的评价是"写鬼写妖高人一等，刺贪刺虐入木三分"。

蒲松龄生前穷困潦倒，所有著作均未刊行，主要靠民间传抄，直到清乾隆年间，才有刊本问世。除《聊斋志异》外，还有文集 4 卷，诗集 6 卷；杂著《省身语录》、《怀刑录》等多种；戏曲 3 种，通俗俚曲 14 种。今人搜集编定为《蒲松龄集》。

蒲松龄故居——聊斋

　　蒲松龄故居坐落在今山东省淄博市淄川区洪山镇蒲家庄，西距淄川城八里许。原有东向大门一座，正房三间，东西厢房各一间，方正石及乱石墙基、青砖柱门窗、草顶、小青瓦接檐，是典型的北方农家建筑。蒲松龄去世后，其故居一直由他的后人居住，至其十世孙蒲文魁时，因故被毁，聊斋仅剩残墙四堵。1953年，山东省文化局派著名蒲学专家路大荒先生对聊斋故址进行了考察。在此基础上，于1954年拨专款修复了蒲松龄故居。后陆续征进并展出了蒲松龄使用过的或与蒲松龄有关的文物、资料。1977年，蒲松龄故居定为省级重点文物保护单位，附属保护遗址还有柳泉和蒲松龄墓园。现在，故居已成为一处驰名中外的旅游景点和瞻仰蒲松龄的文化圣地。

第五章

丰厚的文化遗产 多彩的民俗风情

    山东的传统文化历史久远，浓重而神奇。从魅力独特的地方戏曲到别具风韵的民间美术，从丰富多彩的传统技艺到独步天下的体育竞技，还有名扬四海的鲁菜和风味独特的小吃，无不渗透着浓郁的地方风情和齐鲁特色，汇成一幅绚丽而又淳朴的民俗画卷。

八 杨家埠木版年画

第一节 祭孔大典

祭孔大典是为纪念伟大的思想家、教育家、儒家学派创始人孔子对人类文化的杰出贡献而举办的大型纪念活动。祭孔大典乐舞继承了上古时代汉民族祭祀天地和庆祝丰收与战功的原始舞蹈形式，集礼、乐、舞于一体，是唯一保留下来的汉民族舞蹈。祭孔大典已成为国际孔子文化节中最富有特色、最具文化品位、最具感染力和影响力的主题活动之一，2005 年被列入国家首批非物质文化遗产名录。

∧ 祭孔大典

祭孔活动从孔子去世第二年开始，由鲁哀公拉开祭孔的历史大幕，而将祭孔大典升格为国之大典的是汉高祖刘邦。刘邦开启了帝王亲临阙里祭孔的先河。自汉代以后，祭孔大典一直延续不断，其规模逐步提升，明清时期达到顶峰，被称为"国之大典"。祭孔大典代代相传，从未间断，是中国唯一完好保存下来的古代大型祭祀雅乐，堪称世界祭祀史上的奇迹。

祭孔大典是由乐、歌、舞、礼四部分构成的综合性大型庙堂祭祀乐舞。祭孔之乐谓之雅乐，源于中国上古虞舜时代的《韶乐》，故史称祭孔之乐为萧韶遗响；祭孔之舞承袭了中国上古夏禹时代的《大夏》之舞，典雅端庄，古朴大方，犹如汉雕，古史誉有"汉雕之美"之称；祭孔之礼是整个祭祀活动的核心，乐、歌、舞都是紧紧围绕展现"礼"而进行的。

从 1984 年起曲阜孔庙恢复了民间祭孔，2004 年，举行了建国以来首次公祭，在海内外引起强烈反响，并催生了"中国曲阜国际孔子文节"这一最能代表汉文化特质的世界著名文化品牌。

从中华文化源头走来的祭孔大典，带着二千多年的文化积淀，伴随着传统文化复兴的节奏，已经成为展示中华民族传统文化的舞台和增强民族文化凝聚力的盛典。

第二节　地方戏曲　曲艺　民间舞蹈

一、吕剧

吕剧，又名"化妆扬琴"、"琴戏"，起源于山东黄河三角洲地区，由

山东琴书演变而来，迄今有100年历史。吕剧属于乡村艺术，演农家事，唱农家情，角色多是小生、小旦、小丑，唱词和道白取自民间用语。伴奏乐器以坠胡、二胡、三弦为主。最初的吕剧班大都走乡串村，演出于田间地头，影响甚小。1910年前后搬上舞台。

1918年，以张风辉为首的车里班，首进济南风顺茶园（当时的剧园）演出，并在济南新市场洛生茶园演出近两年。角色行当已经由原来的"三小"，发展到生、旦、净、丑诸行。基本唱腔已固定在"四平（凤阳歌）"、"二板"、"流水"等板式上。在艺术实践中对剧目内容、表演手法、演唱腔调、音乐伴奏等诸方面不断进行改革创新和充实，使之逐渐完善。至此，吕剧作为地方戏曲业已趋于成熟。

1951年10月，山东省第一个吕剧专业剧团——济南鲁声琴剧团正式成立，1953年定名为济南市吕剧团（同年山东省吕剧团成立），并且将化妆扬琴正式命名为吕剧，随后又排演了现代戏《光明大道》、《小女婿》、《明明上当》等。1962年进京演出《闹房》、《逼婚记》，受到中央领导同志的赞扬和鼓励。在20世纪五六十年代，吕剧红遍了大半个中国，尤其是山

∧ 吕剧《王汉喜借年》

　　　　　　　　丰厚的文化遗产 多彩的民人俗风情

东的老百姓对吕剧更是百般喜爱，田间村落、市井街巷，到处都能听到人们哼唱吕剧。1979 年，《逼婚记》由长春电影制片厂拍摄成电影。

2008 年 6 月，传统戏剧吕剧被列入第二批国家级非物质文化遗产名录。吕剧的传统剧目有《画龙点睛》、《姊妹易嫁》、《李二嫂改嫁》、《借妻》、《石龙湾》等。代表人物有郎咸芬、李岱江等。

知识小百科

吕剧表演艺术家郎咸芬

五十年前，一曲《李二嫂改嫁》蜚声大江南北，而"李二嫂"的扮演者——郎咸芬，也迅速为全国人民所熟悉。郎咸芬在长期的艺术实践和深入生活中，继承发扬吕剧鲜明的地方特色和浓郁的生活气息，其表演质朴无华，注重从生活从人物个性和特定的环境出发，把深切的内心体验与完美准确的程式体现相结合，形成了真实质朴、富有激情的表演风格。数十年来，郎咸芬创造了许多令人难忘的艺术形象。如《蔡文姬》中的蔡文姬、《穆桂英》中的穆桂英、《丰收之后》的赵五婶、《沂河两岸》的梁向荣、《梨花狱》中的武则天、《山高水长》中的薛逢春等。她的表演朴实稳健，大气丰厚，唱腔委婉深沉，注重以情带声、声情并茂。多年的实践，形成自己独特的表演和演唱风格，深受广大观众的喜爱。

二、山东快书

山东快书产生于山东省鲁中南和鲁西南地区，是在山东落子说唱武松故事的传统节目基础上演变而成的，以山东落子的竹板为击节乐器。

山东快书自形成以来就以武松故事为主，因此演员被称为"说武老二的"，"唱大个子的"。正书之外有些风趣的小段子叫作"书帽"，如《大实话》、《柿子框》等。山东快书由于曾用竹板击节而叫作"竹板快板"。20

世纪 30 年代前后，著名演员高元钧登上舞台演唱，曾叫作"滑稽快书"，1951 年他录制《鲁达除霸》唱片时定名为"山东快书"。

山东快书的唱词基本上是七字句的韵文，穿插一些过口白、夹白或较长的说白。语言明快风趣，情节生动，表情动作夸张，节奏较快，长于演说英雄人物除暴安良的武打故事。

山东快书都是站唱形式，表演上讲究"手、眼、身、步"及"包袱"、"扣子"的运用。唱词基本上为七字句，演员吟诵唱词，间以说白。曲目有"单段"、"长书"等形式。传统曲目《武松传》，包括《东岳庙》、《景阳岗》、《狮子楼》、《十字坡》等 12 个回目，可以分回独立演唱，也可以连贯起来表演。此外，还有《大闹马家店》、《鲁达除霸》、《李逵夺鱼》等。小段书帽则有《小两口抬水》等。现代书目，抗日战争期间有《智取袁家城子》、《大战岱崮山》等；建国后又有《一车高粱米》、《抓俘虏》、《三只鸡》、《侦察兵》等。

山东快书是人们非常喜爱的曲种，演员人才辈出，影响遍及全国。山东快书著名艺人，从清至今有傅汉章、赵震、戚永立、于小辫、高元钧、杨立德等人。当代主要流派有：以高元钧为代表的"高派"，注重人物刻划，表演风趣生动；以杨立德为代表的"杨派"，擅长俏口，语言幽默；以于传宾为代表的"于派"，以四页竹板伴奏，演唱有气势，主要流行于农村。

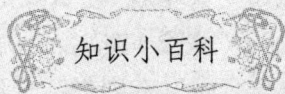

知识小百科

山东快书表演艺术家高元钧

高元钧是中国最负盛名的山东快书表演艺术家，原中国曲艺家协会副主席。他自童年起流落街头乞讨卖艺，在汲取民间曲艺精华的基础上刻意求新，使这一艺术从民间走向舞台，成为山东快书"高派"艺术的创始人。他创作表演的有《武松打虎》、《武松赶会》、《鲁达除霸》等歌颂历代民间英雄人物的著名段子，还有《一车高粱米》、《侦察兵》、《长空激战》等一批反映现代生活的新段子。

丰厚的文化遗产 多彩的民人俗风情

高元钧的山东快书表演憨中见巧，刚柔相济，张弛有致，举重若轻，轻松风趣中透着隽永与灵气。由于山东快书的语言富于乡土气息，从而使其表演也含着质朴与亲切。他培育了200多名有一定成就的山东快书演员和作家，使上世纪50年代初才由他定名的山东快书迅速推向全国。

三、山东梆子

山东梆子是流行于鲁西南及鲁中地区的地方戏曲剧种。又名"高调梆子"，简称"高调"或"高梆"。主要流行于山东西南部的菏泽、济宁、泰安等地的大部分县市，以及聊城、临沂等地区的广大城镇乡村。

山东梆子的传统表演程式与鲁西南一带的其他古老剧种如柳子戏、大弦子戏、平调等一样，表演动作粗犷，架式夸张。如黑脸上场亮相时，双手举过头顶，五指分开；推圈走圆场时，右手推圈，左臂随之有节奏地摆动；表示愤怒、急躁等情绪时，有吹胡子、瞪眼睛、带活腮、晃膀、跺脚、捋胳膊等动作。山东梆子唱腔慷慨激昂、高亢健壮，富有浓郁的地方特色。行当则以红脸、黑脸为主要脚色，动作粗犷，架式夸张，舞台上洋溢着雄浑、豪放的阳刚之美。　过去全用"大本腔"（真嗓）演唱，旦角尾音翻高，后来逐渐变化，多用"二本腔"（假嗓）演唱。也有用"大本嗓"（真声）吐字，"二本嗓"甩腔。其中净行的发音则带沙音和炸音，使唱腔粗犷奔放。女声各行当，都采用真假声相结合的演唱方法，发音多用口腔共鸣，声音圆润、音域宽广。

山东梆子传统剧目极为丰富。　剧目的内容以历史题材为主，多为成本大戏。其中描写反抗强暴、大忠大奸、杀富济贫、锄暴安良的剧目，占有相当大的比重，反映了鲁西南人民敢于斗争，争取自由的剽悍个性。

据老艺人讲，汶上县大曹班经常上演的戏就有600出之多。其中《春

山东梆子>

秋配》、《梅降雪》、《千里驹》、《全忠孝》、《天赐禄》、《马龙记》等戏，在群众中留下很深刻的印象。中华人民共和国成立后，先后编创的现代戏有《白毛女》、《父子婚姻》、《小女婿》、《老王卖瓜》等。整理改编的传统剧目有《墙头记》、《程咬金招亲》等。其中《墙头记》于1982年由中央新闻纪录片场摄制成彩色影片。

第三节　民间美术

一、杨家埠年画

潍坊杨家埠木版年画是流传于山东省潍坊市杨家埠的一种民间版画，兴于明初，盛于清乾嘉年间，迄今已有600多年的历史，是与天津杨柳青、

　　　　　　　　　　　丰厚的文化遗产　多彩的民人俗风情

苏州桃花坞齐名的三大民间年画之一。

　　明洪武年间,杨家埠木版年画开始兴起。至明隆庆二年(1568年)以后,杨家埠先人创立了恒顺、同顺堂、万曾城、天和永四家画店。清乾嘉年间,杨家埠木版年画达到鼎盛,出现了画店百家、画种上千、年画人才辈出的盛况,年画除满足当地民间需要外,还远销江苏、安徽、山西、河南、河北、东北三省和内蒙等地。新中国成立后,曾因战乱而一度萧条的杨家埠木版年画枯木逢春,焕发了勃勃生机。1952年,年画产量达到了780万张。1979年原潍县政府成立了杨家埠木版年画研究所,专门对杨家埠木版年画挖掘整理、研究创新。

　　杨家埠木版年画的题材形式多种多样,从大门上的武门神、影壁墙上的福字灯、房门上的美人条、金童子到房间内的中堂、炕头画,乃至院内牛棚禽圈上的栏门坎都有专用张贴的年画,真可谓无处不及、无所不有。

∧ 杨家埠年画资料

∧ 杨家埠木版年画博物馆

年画的题材也非常新颖，许多新思想、新事物出现之后，马上就能在年画中反映出来。

杨家埠木版年画采用木版套印的制作形式进行年画生产，制作工艺别具特色。艺人首先用柳枝木炭条、香灰画出"朽稿"，然后在朽稿基础上再完成正稿，叫做"画样"，作为雕版和印刷的蓝本。再用毛边纸描出线稿，反贴在梨木版上供雕刻，分别雕出线版和色版。再经过调色、夹纸、兑版、处理跑色等工序，手工印刷而成。年画印出来后，还要再手工补点上各种颜色进行简单描绘，以使年画显得自然生动。

几百年来，杨家埠木版年画按照农民的思想要求、风俗信仰、审美观点和生活需要逐步发展完善，形成了自己古朴雅拙、简明鲜艳的风格。它植根于民间，装饰于节日，长期以来起着丰富人民精神生活、反映人民美好愿望、美化人民节日环境的作用。另外，杨家埠木版年画还间接地记录下了中国民居和民间社会生活的情况，对于中国古代文化的研究有一定的参考价值。

二、高密扑灰年画

高密扑灰年画，亦称"民间写意画"，出现于明代成化年间，盛行于清代。

所谓扑灰，即制作者根据预先构思好的题材，用柳枝或者豆秸烧成炭条起稿，画出大体轮廓，然后拿画纸在底稿上拓扑，一稿可拓扑数张，"扑灰"由此得名。如果需要增加数量，则用炭条在扑好的一张画稿上重重地描一遍，重新拓扑，同一张画稿便成了对称的两张，这完美的对称性是扑灰年画甄别与中国其他年画品种的一个显著特点。扑灰起稿后还需手绘，先是平面涂色，勾勒轮廓，而后"粉脸"、"涮手"、"赋彩"、"开眉眼"、"勾线"、"涮花"、"磕花"、"描金"、"涂明油"。

就画面色彩风格而言，扑灰年画可大略分为两类：即"老抹画"与

< 高密扑灰年画

"红货"。"老抹画"以墨为主，古朴典雅，透着中国文人画的遗风；"红货"则艳丽红火，以大红大绿来点染画面，以色代墨，追求画面艳丽红火，对比强烈。在题材方面则以中国祈祥纳福的传统内容为主，包括宗教信仰、神话传说、戏曲人物、历史典故、花鸟鱼虫等。高密扑灰年画于 2006 年 4 月成为中国首批国家级非物质文化遗产。

知识小百科

高密扑灰年画传承人吕蓁立

作为高密扑灰年画国家级代表性传承人，吕蓁立自小师承父亲吕清溪习画，深得祖上真传。他绘制的年画秉承传统题材风格，并在色彩、人物、线条等方面，借鉴吸收现代的绘画技巧，大胆创新，历经几十年精心绘画实践，博众家之长，逐渐形成画面细腻清丽、淡写飘逸、庄重典雅的独特风格。

我爱山东

第四节　传统技艺

一、淄博陶瓷技艺

位于鲁中部的新兴工业城市淄博，是古齐国的都城，是驰名世界的瓷都之一。这里生产的琉璃品和陶瓷制品不仅享誉国内外，而且有着悠久的历史传统。

从发掘的北辛文化遗址看，早在公元前 5100 年，山东就有了制陶业。到公元前 4000 年大汶口文化时期，山东的制陶技艺已达到较高水平。从出土的大汶口彩陶看，慢轮成型，能塑造鬶、鼎、觚、豆、钵、罐、盘、

淄博陶瓷>

背壶等多种器形，能用土红、赭石、白垩土、碳黑等颜色在陶器上用直线、斜线、弧线精细地勾绘出各种规矩整齐的几何形纹、花瓣纹、八角星纹等图案。可以说，大汶口文化时期，这里已成为山东制陶的良好开端。而稍后的龙山文化时期，山东制陶业已可以生产黑色磨光、薄如蛋壳的黑陶，表明山东的制陶技艺已达到了相当高的水平。

淄博陶瓷，据文献记载，盛于宋代（960年前后），有"瓷城"、"瓷都"的誉称。近几十年来，当地政府从继承祖国遗产和发展淄博经济出发，始终把陶瓷产业作为淄博的经济龙头来抓。近年来，"国际淄博陶瓷琉璃节"的连续成功地举办，使本已闻名于世的淄博陶瓷、琉璃成为海内外市场的抢手货。淄博的陶瓷、琉璃业在新科技的刺激下，在保存、继承传统工艺，不断挖掘恢复失传特色产品的基础上，大胆、成功地采用现代科学技术，研制新材质，开发新产品，使淄博陶瓷琉璃真正进入了前所未有的发展时期。

二、潍坊风筝

风筝，古名"纸鸢"，又名"鹞子"，是普遍流传于山东各地的一种玩具，尤以潍坊为盛。潍坊位于山东半岛中部，北濒渤海莱州湾，南临黄海之滨，这里物阜人丰，手工业发达。清朝中叶，潍坊开始出现专门从事风筝制作的民间艺人。这时，清明前后竞放风筝也成了当地的踏春风俗。据《潍县志稿》载："本邑每逢寒食，东门外，沙滩上……板桥横亘，河水初泮，桃李葩吐，杨柳烟含，凌空纸鸢，高入云端。""清明，小儿女作纸鸢、秋千之戏，纸鸢其制不一，于鹤、燕、蝶、蝉各类外，兼作种种人物，无不维妙维肖，奇巧百出。"到近代，潍县成为了国内外闻名的风筝产地。新中国建立后，潍坊风筝作为潍坊市的象征，更加受到当地人民的珍爱和重视。

潍坊风筝在产生初期以板子风筝为主，后经过历史演变和横向传播，逐步形成了以硬翅风筝为主，长串"蜈蚣"为最，软翅风筝为巧，筒子风

放风筝 >

筝为奇的体系。潍坊风筝选材讲究、造型优美、扎糊精巧、形象生动、绘画艳丽、起飞灵活的传统风格与艺术特色，和京式风筝、津式风筝等交相辉映，鼎足而立。

潍坊市自 1984 年开始举办每年一度的潍坊国际风筝会，吸引了数以万计的国内外来宾。在潍坊市中心，建起了风筝博物馆，将中外风筝精品陈列展览。西杨家埠村还建成了国内最大的风筝厂，该村风筝扎制专业户近百家，风筝品种达 300 余种，年产风筝近百万只。1988 年，潍坊市被国内外风筝界评选为"世界风筝都"，潍坊风筝真正达到了它的鼎盛期。

三、鲁西南民间织锦

鲁西南民间织锦简称"鲁锦"，又称山东织花布或花格子布，是山东省独有的一种民间纯棉手工纺织品，目前主要集中于鲁西南和鲁北地区。

鲁锦有着 2000 多年的历史，早在元明之际，随着棉花在黄河流域的

丰厚的文化遗产 多彩的民人俗风情

大量种植，鲁西南人民将传统的葛、麻、丝、织绣工艺糅于棉织工艺，形成了独特的鲁西南棉锦。当时的制作工艺比较粗糙，花色单调，品种较少。随着纺织机械的更新和化工染料的应用，鲁锦工艺有了很大提高，到了清代，这一工艺达到了炉火纯青的境界，当时濮州（今菏泽鄄城）织造的织花布曾被作为贡品进献朝廷，成为大内御用之物。

鲁锦常用的颜色有大红、桃红、湖蓝、靛青、绿、棕、紫、白、黑、黄等。最为可贵的是它采用天然的植物染料染色，不但色谱比较齐全，而且还具有绿色环保的特质。

鲁锦的手工织造工艺极为繁杂，从植棉纺线到上机织布，大大小小要经过72道工序。在长期的摸索实践中，心灵手巧的鄄城农家妇女不断创新、改进鲁锦织造工艺，逐渐形成了现代鲁锦融提花、打花、挑花工艺于一体与浑厚中见艳丽、粗犷中见精细的独特风格，产品的纹样也由最初的斜纹、条纹、方格纹等发展出枣花纹、水纹、合斗纹、鹅眼纹、猫蹄纹等较为复杂的纹样。鲁锦的图案意境是用各种色线交织出各种各样的几何图形来体现的，通过抽象图纹的重复、平行、连续、间隔、对比等变化，形成特有的节奏和韵律，极具艺术魅力。

鲁锦在社会生活中应用广泛，尤其在鲁西南地区，鲁锦曾是女子嫁妆

< 鲁西南民间织锦

的必需品。鲁锦和与之相关的民俗活动共同构成了内涵丰富、博大精深的鲁锦文化，在国内外都有着深远影响。

四、海草房民居建筑技艺

海草房又名"海苔房"或"海带房"，因其用海草苫顶而得名。它是胶东沿海地区一种极富特色的民居，主要分布在威海、荣成、文登、乳山等沿海区域。

海草房制作技艺最早可追溯到新石器时代，当时沿海先民用海草筑巢而居。秦汉至宋金时期，海草房制作技术有了进步，形成基本格局，被划定为生成期。元明清时期，是海草房制作技艺繁荣发展的阶段，奠定了沿海区域海草房民居群落基础，成为胶东沿海最具特色的生态民居。

海草房以海草做屋顶材料，以石头为墙体材料，以黄泥、贝草为辅料制作而成。整个建筑过程需要瓦匠、木匠、石匠、苫匠"四匠"通力合作，经过做檐头、苫方坡、封顶、淋水拍平、剪檐等70多道工序，全部采用民间手工技术制作。海草房外观纯朴、浑厚、独特，其用海草苫成的厚重屋顶与青灰色大小石块砌成的墙体有机结合，具有冬暖夏凉、抗风耐腐、

海草房 >

丰厚的文化遗产 多彩的民人俗风情

结实耐用等突出优点，是最好的生态民居。

近年来，人们的经济条件有了极大改善，砖瓦结构的现代新民居成为主流，海草房作为一种民居形态，走过了它的辉煌时代，正在民居舞台上隐退。而作为一种民俗或具有地方特色的旅游资源，海草房却有着不可替代的独特风格，有保护、开发、利用的巨大潜力。目前，历史久远、保存相对完整、数量较大的海草房民居古村落，位于荣成市港西镇的巍巍村，该村至今还保留着传承上千年的古老技艺。

第五节　饮食文化

一、鲁菜

鲁菜，又叫山东菜。历史悠久，影响广泛。是中国饮食文化的重要组成部分，成为中国四大菜系之一，以其味鲜咸脆嫩、风味独特、制作精细享誉海内外。

齐鲁大地依山傍海，物产丰富，经济发达，为烹饪文化的发展、山东菜系的形成，提供了良好的条件。早在春秋战国时代，齐桓公的宠臣易牙就曾是以"善和五味"而著称的名厨；南北朝时，高阳太守贾思勰在其著作《齐民要术》中，对黄河中下游地区的烹饪术作了较系统的总结，记下了众多名菜做法，反映当时鲁菜发展的高超技艺；唐代的宰相段文昌，山东临淄人，精于饮食，并自编食经五十卷，成为历史掌故。到了宋代，宋

都汴梁所称"北食"即鲁菜的别称,已具规模。明清两代,已经自成菜系,从齐鲁而京畿,从关内到关外,影响所及已达黄河流域、东北地带,有着广阔的饮食群众基础。

随着历史的演变和经济、文化、交通事业的发展,鲁菜又逐渐形成了济南、胶东两地分别代表内陆与沿海的地方风味。鲁菜讲究调味纯正,内地以咸鲜为主,沿海以鲜咸为特色,具有鲜、嫩、香、脆的特色。十分讲究清汤和奶汤的调制,善于以葱香调味。烹制海鲜有独到之处。济南菜以清香、脆嫩、味厚而纯正著称,特别精于制汤,清浊分明,堪称一绝。胶东风味亦称福山风味,包括烟台、青岛等胶东沿海地方风味菜。该菜精于海味,善做海鲜,珍馐佳品,肴多海味,且少用佐料提味。此外,胶东菜在花色冷拼的拼制和花色热菜的烹制中,独具特色。孔府菜做工精细,烹调技法全面,尤以烧、炒、煨、炸、扒见长,而且制作过程复杂。以煨、炒、扒等技法烹制的菜肴,往往要经过三四道程序方能完成。"美食不如美器",孔府历来十分讲究 盛器,银、铜等名质餐具俱备。孔府菜的命名也极为讲究,寓意深远。

山东菜正是集山东各地烹调技艺之长,兼收各地风味之特点而又加以发展升华,经过长期的历史演化而形成的。20世纪80年代以来,国家和政府将鲁菜烹饪艺术视作珍贵的民族文化遗产,采取了继承和发扬的方针,从厨的一代新秀在茁壮成长,他们正在为鲁菜的继续发展做出新的贡献。

二、风味小吃

1. 临沂糁

关于"临沂糁"传说有很多。相传,乾隆皇帝下江南时,路过临沂用早餐,想尝尝当地的名吃,地方官员就把这种味道独特的早餐献了上来。乾隆一尝，感觉从来没喝过如此可口的粥，随口问了一句："这是啥？"官员没听清楚，也随声问："啥？"乾隆听为"糁"。于是一传十，十传百，就这样传开了。

"糁"在文字上讲是用肉作成的汤羹。相传是古代西域回族的一种早餐食品。最初由元朝大都一对回民夫妇来临沂经营，当时叫"肉糊"，后来仿制者越来越多，明朝时期定为"糁"。 据临沂县志记载，糁是明朝末年临沂人创造的，几经演变改进逐步形成独具一格的沂州名吃。"糁"香辣可口、肥而不腻、祛风除寒、开食健胃，深受当地人喜爱，早晨喝"糁"是临沂传统食俗。"糁"有鸡、牛、羊、猪等肉做成的，制作方法稍有区别。

解放前临沂城有八家著名糁铺，今已发展至百家专营糁铺。

2．莱芜口镇香肠

口镇南肠定斋号为"顺香"，据今已有 150 多年的生产历史，是一位名叫苏有南的中医为母亲治病而创立的小吃食品。苏有南的母亲患病久治不愈，为增强体力，就把多味中药材加入肉料中。为了便于存放，苏有南就装入猪肠衣内晾干，随吃随取，常年有存物，食之一年之久，其母病愈。苏有南把此品制法传授给好友，以专门制作出售，并以其姓名中的南字和食品的生产地名合称为"口镇南肠"，又俗称"口镇香肠"。

口镇香肠久置不腐不坏，滋味醇厚，具有开胃、顺气、舒肝、健身的功效，是外出旅游的便捷食品。在 1983 年和 1985 年两次全省熟肉制品评比会上被评为山东省优质产品。

3．泰安煎饼

煎饼是泰安一带人们的传统家常食品，也是著名的土特产。唐朝末年黄巢起义军在泰山一带活动时，当地人民曾向起义军供应过煎饼。现泰城东羊楼村范家老户在 1967 年拆除古坯墙时曾发现一份明万历年间的"分家单"，内有"鏊子一盘，煎饼二十三斤"的记载。1935 年冯玉祥将军到

泰山时，曾把泰安煎饼当作馈赠朋友的礼品。现代泰安煎饼，不但有甜煎饼、酸煎饼和半发酵的半口煎饼之区分，又添加了当地特产的系列品牌。按用料分有鲜薯煎饼、甘薯粉加玉米粉煎饼、单一玉米煎饼、单一小米煎饼、小米粉加大豆粉调糊煎饼、纯高粱煎饼；按添加辅料分有糖酥煎饼、菜煎饼、蜂蜜煎饼、花椒盐煎饼、芝麻盐煎饼、花生煎饼、柿子煎饼、核桃煎饼、多维煎饼、香油果子煎饼等。泰安煎饼从手工家庭作坊到半机械化作坊，形成了一定批量生产的能力，为当地的著名小吃。

4. 单县羊肉汤

鲁西南人喜食羊肉，而作为传统名吃的"单县羊肉汤"更是人们钟爱的风味食品。

单县羊肉汤始创于1807年，如今已有200年历史，制作工艺越来越完善。新出锅的单县羊肉汤色白似奶，水脂交融，质地纯净，口感鲜而不膻，香而不腻，不仅是一道爽口的美食，而且还有药膳的功能，具有温中散寒、健脾和胃、滋阴壮阳、助消化、增加人体抗病能力等功效。单县羊肉汤名目繁多，品种各异，肥的油泛脂溢，瘦的白中透红。天花汤健脑明目，适合老年人和神经衰弱者食用；口条汤壮身补血，最宜病愈大补；肚丝汤可细嚼慢饮，眼窝汤肉烂如泥，奶渣汤沙酥带甜，还有马蜂窝汤、三孔桥汤、腰花汤、肺叶汤、肥瘦汤等多种，各具风味。

单县羊肉汤上世纪80年代即被收入中国名菜谱。中华名食谱中以汤入谱的只有单县羊肉汤，被国人称为"中华第一汤"。

5. 潍坊朝天锅

朝天锅源于清代乾隆年间的民间早市，据说与郑板桥有关。当年，郑板桥治理潍坊时，对民间疾苦十分关心。某年腊月，他微服赶集以了解民情，见当时潍县赶集的农民吃不上热饭，便派人在集市上架起大铁锅，为路人煮菜热饭，锅内煮着猪下货、肉丸子、豆腐干等。汤沸肉烂，顾客围锅而

<朝天锅雕塑

坐，由掌锅师傅舀上热汤，加点香菜和酱油等，并备有薄面饼，随意自用，因锅无盖，人们便称之为"朝天锅"。

潍坊朝天锅经不断改进，于1997年分别被中国烹饪协会、山东省贸易厅认定为"中华名小吃"、"山东名小吃"。随着商业的发展，朝天锅已遍及全市，如今已发展成为"朝天宴"。此宴用鸡肉、驴肉煨汤，以煮全猪为主，有猪头、肝、肺、心、肚、肠，再配以甜面酱、醋、酱油、疙瘩咸菜条、胡椒粉、葱、姜、八角、桂皮、盐、香菜、香油、青萝卜条等十几种调料和冷菜。食客们坐在一张特制的餐桌周围，桌中央有一口直径50厘米，深65厘米的大锅，锅口与桌面齐平，锅底有特制燃料。圆桌有一缺口，服务员在缺口处，根据客人的要求将锅内的肉舀出、切好，供客人慢慢品尝。"朝天锅"肥而不腻，营养丰富，味美可口，汤清淡而不浑浊，加以薄饼配用，其味无穷。

6. 德州扒鸡

德州扒鸡是德州的著名特产，它以五香脱骨、肉嫩松软、清香不腻等特点而闻名，有"神州一奇"之美称。

我爱山东

德州扒鸡＞

　　德州扒鸡已有三百年的历史，早在明代，德州城内及水旱码头上，即有叫卖烧鸡者。20世纪初，扒鸡传人德州宝兰斋饭庄的掌柜侯宝庆、德顺斋掌柜韩世功等，认真总结祖宗的制作经验，多方探索、试制，完善工艺，改进配方，加工制成了具有独特风味的"五香脱骨扒鸡"。其特点是：造型优美，整鸡呈伏卧羽状，栩栩如生；色泽艳丽，成品金黄透红，晶莹华贵；成品香味浓郁，经久不失，口味适众，口感咸淡适中；香而不腻，熟烂脱骨，正品不失原形，趁热抖动，骨肉分离。由于加工考究，配料齐全，色、香、味、形俱佳，很快占领市场，销路大开，名声也愈传愈远。

　　德州扒鸡自问世以来，受到各界好评。1956年，在"山东省肉类加工评比会"上，被评为同类产品第一名，同年6月在北京"全国食品评展会"上，轰动京华，被誉为"中华第一鸡"。1985年6月，日本"横滨友好访华团"来德州扒鸡联合企业公司访问，日本教授藤原建树先生品尝了德州扒鸡后，赞不绝口，并挥毫题词："美味世界第一。"

　　　　　　　　　　　　　　　　　　丰厚的文化遗产　多彩的民人俗风情

德州民间有传说，清康熙帝途经德州时，奉母命到城内吕家街看望他的启蒙老师田雯。田雯虽早已得知皇帝御驾，但还是有些局促，在惊喜之余，他准备以家宴为皇帝接风洗尘，心中也在踌躇怎样招待皇帝。田雯一生清寒，只爱读书，家中既无山珍海味，也无名厨伺候，他忽然想到家乡名吃——德州扒鸡。于是他派家人上街买来了刚出锅的热扒鸡，端上餐桌，康熙边吃边吟："真乃神州一奇也！"龙颜大悦，传旨将扒鸡定为贡品，又命随从侍候文房四宝，乘兴御笔亲书匾额"寒绿堂"赐予田雯。

7. 周村烧饼

周村烧饼传统手工技艺用料简单，只需面粉、芝麻仁、食糖或食盐即可，却以薄、酥、香、脆誉满中外。"薄"是薄如纸片，拿起一叠有唰唰之响声，如风中之白杨；"酥"是入口一嚼即碎，失手落地即成碎片；"香"是入口久嚼不腻，越嚼越香，且回味无穷；"脆"是脆与酥相辅相成，给人以美好难忘的口感。1880年后，"聚合斋"烧饼老店首先启用纸包装，沿袭至今。上世纪50年代，公私合营"聚合斋"大掌柜郭云龙后人郭芳林携祖传工艺和配方合入原国营周村食品厂（现在的山东周村烧饼有限公司）。

独特的传统手工技艺、原料配方、延展成型和烘烤是周村烧饼成败的关键，其传统手工技艺核心又在于一个"烤"字。"烤"主要看"火候"功夫，所谓"三分案子，七分火"，即是说若非名将高手，烧饼质量难保上乘。清末皇室曾屡次调贡周村烧饼。当时山东省有名商号"八大样"也专门订购周村大酥烧饼成箱发往埠外作为馈送佳品。

周村烧饼作为老字号在漫长的商业历史上创造了辉煌的篇章，具有深远的历史渊源和厚重的文化底蕴，可以说周村烧饼传统手工技艺是其老字

号所属的非物质文化遗产的最集中的物质化体现，是中华文化的瑰宝。

8. 清油盘丝饼

清油盘丝饼是一味地道的济南传统风味名吃，俗称"一窝丝"，相传源自老北京。之所以称"清油"，是相对荤油而言的，因为是用花生油来煎烙的。但"盘丝"才是此饼的造型特色，是在押面的基础上发展起来的一种精细面食品。盘丝饼外焦里嫩，金丝均匀，丝不并、不断、不乱，味甜爽口，是宴席上的佳品点心。

制作盘丝饼过程繁琐，仅和面就有许多学问，如要加适量的碱、盐和水，将和好的面"醒"一段时间后把面团搓成长条，抓住长条的两头在案板和空中反复摔打拉抻，把面押至极细（有点像现在的拉面），细如银丝，达千余根，在上面刷一遍油后用刀截成数段，然后将面丝一圈圈盘成饼状，放油中半煎半烙使之变熟。然后，提起中间把饼拉散，散放盘中，吃的时候撒上白糖或青红丝，用手捧着盘丝饼轻轻一挤，千条均匀的"金丝"宛如细细的菊花瓣轻轻散开。送入口中，顿觉外焦里嫩、香脆爽口。

知识小百科

文化名人与盘丝饼

上世纪 30 年代，位于济南经三纬四路口的"又一新饭馆"就以经营特色的清油盘丝饼而闻名。我国京剧艺术大师梅兰芳和京剧表演艺术家尚小云、奚啸伯等名角当年在济南北洋大戏院唱完戏后，经常光顾"又一新"，品尝盘丝饼。中国现代散文家梁实秋也对济南的清油盘丝饼印象颇深，他曾在一篇散文中这样描写："清油饼实际上不是饼。是细面条盘起来成为一堆，轻轻压按始成饼形，然后下锅连煎带烙，成为焦黄的一坨。外面的脆硬，里面的还是软的。山东馆子最善此道。我认为最理想的吃法，是每人一个清油饼，然后一碗烩虾仁或烩鸡丝，分浇在饼上。"

　　　　　　　　　　　　　丰厚的文化遗产 多彩的民人俗风情

9. 流亭猪蹄

据民国7年（1918年）版《周氏族谱》记载及后人口述，流亭猪蹄创始及成名于清咸丰年间（约1855年前后），至今已有150多年的历史，经第二代传承人周中典对制作技艺和配方调料进一步研究提高及世代相传，成为青岛流亭的地域性品牌。据记载，民国初期，逊清的宫廷大员避居青岛，对岛城名吃、特别是流亭猪蹄格外偏爱。1935年，主政青岛的沈鸿烈批准重修流亭古观音寺，约同韩复榘、吴佩孚、史景洲、杜月笙等朝野大员和乡贤士绅一百多人为修庙发起人聚集于此，一时间流亭群英荟萃。流亭猪蹄亦成为这些达官贵人的盘中美味，自此名声尤振。

周氏流亭猪蹄色泽鲜亮、味道鲜美、清爽不腻、咸淡适中，肉质软硬适度、组织紧密有弹性、无任何防腐添加剂，堪称绿色食品，多次荣获区、市、省、国家级奖励，先后被评为青岛十大特色小吃、青岛市著名商标、山东省著名商标、山东省名小吃、中华名小吃等。

＜流亭猪蹄

第六章

谁不说俺家乡好

　　山东山川壮美，风景如画，文化古老，文物丰富，名胜古迹遍布全省。五岳独尊的泰山，是山东的象征；曲阜以丰富的文物和宏伟的古建筑享誉世界；泉城济南是一座历史文化名城;海滨城市青岛、烟台、威海、日照，无不是旅游和避暑的绝佳胜地。

∧ 成山头

第一节　登泰山　保平安

　　泰山古称"岱宗"、"岱山"，自古就有"五岳独尊"、"天下第一山"的美誉。以拔地通天之势雄峙东方，以有容乃大的气魄将历史文化、自然景观、地质地貌和谐的融为一体。

　　泰山是中华文化的主要发祥地之一，是炎黄子孙的心灵故乡。泰山安则天下安，登泰山、保平安。自古泰山便被视为社稷稳定、政权巩固、国家昌盛、民族团结的象征，被誉为中国历史文化的缩影、中华民族精神的象征。

　　泰山素以壮美著称，呈现出雄、奇、险、秀、幽、奥、旷等诸多美的形象。泰山景区内有著名的黑龙潭、扇子崖、天烛峰、桃花峪等10大自然景观；有旭日东升、晚霞夕照、黄河金带、云海玉盘等10大自然奇观。

泰山云海＞

谁不说俺家乡好

泰山至今保护较好的古建筑群有 22 处，总建筑面积达 14 万多平方米。泰山刻石有 2200 多处，被誉为"中国摩崖刻石博物馆"。泰山古树名木繁多，百年以上的古树名木 3 万余株，被誉为"活着的世界自然遗产"。1982 年，泰山被国务院列为第一批国家重点风景名胜区，1987 年被联合国教科文组织列为世界自然与文化双重遗产，1992 年荣登全国旅游胜地 40 佳金榜。

一、中国四大古建筑群之一———岱庙

岱庙是泰山最大、最完整的古建筑群，为道教神府，是历代帝王举行封禅大典和祭祀泰山神的地方。岱庙城堞高筑，庙貌巍峨，宫阙重叠，气象万千。岱庙创建于汉代，至唐时已殿阁辉煌。在宋真宗大举封禅时，又大加拓建，修建天贶殿等，更见规模。岱庙与北京故宫、山东曲阜三孔、承德避暑山庄和外八庙，并称中国四大古建筑群。

天贶殿是岱庙的主体建筑，始建于北宋大中祥符二年（1009 年），大殿共九间，长 48.7 米，宽 19.8 米，高 22.3 米，台基为石筑，白石雕栏环绕四周，重檐歇山式殿顶，黄琉璃瓦覆盖。殿内保存有巨幅宋代壁画《启跸回銮图》，描绘了东岳泰山之神出巡时浩浩荡荡的场面，共有人物 630 余名，并绘有各类珍禽异兽、山石树木、宫殿楼阁等，构图严谨，疏密相间，气势磅礴，笔法流畅。描绘了泰山神出巡的浩荡壮观的场面，是泰山人文景观之一绝。

岱庙里的仿木结构铜亭，又名"金阙"，是中国屈指可数的珍贵铜铸大型建筑之一。铜亭造型端庄浑厚，铸造工艺极为精湛，堪称中国古代铜铸艺术的精品。

岱庙内碑碣林立，保存着历代的修庙祭告碑、经幢、题名、诗刻等共计 151 方。藏于东御座的秦二世诏书石刻，是以公元前 209 年李斯的篆书镌刻而成的，是目前中国保存的最为古老的文字石刻之一。东汉建宁元年

（168 年）的衡方碑、中平三年（186 年）张迁碑、西晋泰始八年（272 年）孙夫人碑和唐神宝寺碑、汉张衡不忘碑等，都是著名的碑刻。

二、中国摩崖刻石之最——经石峪

经石峪位于泰山斗母宫东北，有岔路盘道相通，过漱玉桥、高山流水亭、神聆桥即至。峪中有缓坡石坪，上刻隶书《金刚经》，俗称晒经石，是中国现存规模最大的佛经摩崖刻石。

经文刻于面积 2064 平方米的缓坡石坪上，自东而西刻《金刚般若波罗密经》，采用后秦鸠摩罗什译本。凡 2799 字，字径 50 厘米。经刻历千余年风雨剥蚀、山洪冲击、游人践踏、捶拓无度，已残磨漫漶过半，现仅存经文 41 行、1069 字（包括可认读的残字和双勾字）。

三、天下第一山峰——玉皇顶

玉皇顶位于碧霞祠北，海拔 1546 米，气势雄伟，拔地而起，是泰山主峰之巅，因峰顶有玉皇庙而得名，有"天下第一山峰"之美誉。玉皇庙始建年代无考，明成化年间重修。主要建筑有玉皇殿、迎旭亭、望河亭、东西配殿等，殿内祀玉皇大帝铜像。神龛上匾额题"柴望遗风"，远古帝王于此燔柴祭天，望祀山川诸神。殿前有"极顶石"，标志着泰山的最高点。极顶石西北有"古登封台"碑刻，是历代帝王登封泰山时的设坛祭天之处。东亭可望"旭日东升"，西亭可观"黄河金带"。

探海石是位于岱顶的一块突兀伸出的怪石，其上可观云海玉盘奇景。夏天，雨后初晴，大量水蒸气蒸发上升，加之夏季从海上吹来的暖温空气

　　　　　　　　　　　　　　　　　　　　谁不说俺家乡好

＜泰山刻石

被高压气流控制在海拔 1500 米左右的高度时，如果无风，在岱顶就会看见白云平铺万里，犹如一个巨大的玉盘悬浮在天地之间。远处的群山全被云雾吞没，只有几座山头露出云端；近处游人踏云驾雾，仿佛来到了天外。微风吹来，云海浮波，诸峰时隐时现，像不可捉摸的仙岛，风大了，玉盘便化为巨龙，上下飞腾，倒海翻江。

第二节　曲阜：孔子故里　东方圣城

　　在山东省的西南部，有一个孔姓人口占 1/5 的县级市，她就是有着 5000 多年悠久历史的"东方圣城"曲阜。"千年礼乐归东鲁，万古衣冠拜素王"，曲阜之所以享誉全球，是与孔子的名字紧密相连的。孔子是世界上最伟大的哲学家之一，中国儒家学派的创始人。在两千多年漫长的历史长河中，儒家文化逐渐成为中国的正统文化，并影响到东亚和东南亚各国，成为整个东方文化的基石。曲阜的孔府、孔庙、孔林，统称"三孔"，是中国历代纪念孔子、推崇儒学的表征，以丰厚的文化积淀、悠久历史、宏大规模、丰富文物珍藏，以及科学艺术价值而著称。因其在中国历史和世界东方文化中的显著地位，而被联合国教科文组织列为世界文化遗产，被世人尊崇为"世界三大圣城"之一。

一、天下第一家——孔府

孔府即"衍圣公府"，位于曲阜城中，紧邻孔庙，是孔子嫡长孙世袭衍圣公的衙署和府第。是我国历史上延续时间最长的封建贵族庄园。占地16公顷，有厅、堂、楼、房463间，三路布局，九进院落，中路前为官衙，后为内宅，最后是花园。孔子去世后，子孙一直依庙居住，宋代始设官署于孔庙东路，明初创建衍圣公府，经多次扩建重修，成为前堂后寝，衙宅合一的庞大建筑群。

衍圣公的主要职责是奉祀孔子、护卫孔林庙，宋代以后陆续增加了管理孔氏族人、管理先贤先儒后裔等职责，孔府在经济上是中国传世最久，规模最大的封建贵族庄园，同时还设有一套完整的管理机构，拥有部分政权职能。孔府为中国第一批重点文物保护单位，1994年列入世界文化遗产名录。

圣府大门为三间五檩悬山式建筑，匾书"圣府"二字，是明朝严嵩所书。门两边有对联一幅"与国咸休安富尊荣公府第，同天并老文章道德圣人家"，其中"富"字少上面一点，寓"富贵无头"，"章"字一竖通到上面立字，寓"文章通天"，此联概括出千百年来"圣人家"的气派。

二、世界建筑史的奇迹 —— 孔庙

孔庙是我国历代封建王朝祭祀春秋时期思想家、政治家、教育家孔子的庙宇，位于曲阜城中央。它是一组具有东方建筑特色、规模宏大，气势雄伟的古代建筑群。

据称孔庙始建于公元前 478 年，孔子死后第二年（公元前 478 年），鲁哀公将其故宅改建为庙。此后历代帝王不断加封孔子，扩建庙宇，到清代，雍正帝下令大修，扩建成现代规模。庙内共有九进院落，以南北为中轴，分左、中、右三路，纵长 630 米，横宽 140 米，有殿、堂、坛、阁 460 多间，门坊 54 座，"御碑亭" 13 座，拥有各种建筑 100 余座，460 余间，占地面积约 95000 平方米的庞大建筑群。大成殿四周廊下环立着 28 根雕龙石柱，均以整石刻成。柱高 5.98 米，直径 0.81 米，立于石雕重层宝装覆莲花柱础上。在大成殿前檐的 10 根龙柱为深浮雕二龙戏珠。殿两侧及后檐的 18 根为八棱水磨浅雕石柱，以云龙为饰，每面浅刻 9 条团龙，每柱 72 条，这是世界上独有的石雕艺术瑰宝。

孔庙内的圣迹殿、十三碑亭及大成殿东西两庑，陈列着大量碑碣石刻，特别是这里保存的汉碑，在全国是数量最多的，历代碑刻亦不乏珍品，其碑刻之多仅次西安碑林，所以它有我国第二碑林之称。孔庙碑刻是研究封建社会政治、经济、文化和艺术的珍贵史料，也是中国古代书法艺术的宝库。

孔庙是中国现存规模仅次于故宫的古建筑群，堪称中国古代大型祠庙

<孔庙大成殿

我爱山东

建筑的典范。这一具有东方建筑特色的庞大建筑群，面积之广大，气魄之宏伟，时间之久远，保持之完整，被古建筑学家称为世界建筑史上"唯一的孤例"。它凝聚着历代万千劳动者的血汗，是中国劳动人民智慧的结晶。

三、世界最大的家族墓地——孔林

孔林位于曲阜城北，是孔子及其家族的专用墓地，也是目前世界上延时最久、面积最大的氏族墓地。

当年孔子死后，弟子们把他葬于鲁城北泗水之上，那时还是"墓而不坟"（无高土隆起）。到了秦汉时期，虽将坟高筑，但仍只有少量的墓地和几家守林人。后来随着孔子地位的日益提高，孔林的规模越来越大。东汉桓帝永寿三年（157年），鲁相韩勅修孔墓，在墓前造神门一间，在东南又造斋宿一间，当时的孔林"地不过一顷"。到南北朝高齐时，才植树600株。宋代宣和年间，又在孔子墓前修造石仪。

从子贡为孔子庐墓植树起，孔林内古树已达万余株。自汉代以后，历

孔林子贡手植楷>

谁不说俺家乡好

代统治者对孔林重修、增修过 13 次，以至开成现在规模，总面积约 2 平方公里，周围林墙 5.6 公里，墙高 3 米多，厚 1 米。郭沫若曾说："这是一个很好的自然博物馆，也是孔氏家族的一部编年史。"孔林对于研究中国历代政治、经济、文化的发展以及丧葬风俗的演变也有着不可替代的作用。

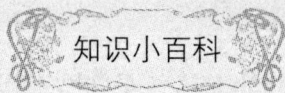

知识小百科

尼山——孔子出生地

尼山位于曲阜城东南 30 公里处，本名尼丘山。孔子父母"祷于尼丘得孔子"，所以孔子名丘字仲尼，后人避孔子讳称为尼山。尼山为孔子出生地，东临沂河，山上有孔子庙、尼山神庙、尼山书院，三级建筑组成一个群体，看起来很有气势。孔子庙内东南角有一座高高的观川亭，传说当年孔子临川慨叹"逝者如斯夫，不舍昼夜"，就是在这个地方。山东麓有孔子出生的山洞——夫子洞。为纪念孔子，北魏时建庙奉祀，历代重修，现存尼山书院占地 25 亩，周围数百亩古柏，景色幽美。古有文德林、坤灵洞、中和壑等八景，现又添尼山水库，碧波荡漾，秀色与日俱增。

第三节　济南：天下第一泉

济南素有"泉城"的美称。泰山山脉丰富的地下水沿着石灰岩地层潜流至济南，被北郊的火成岩阻挡，于市区喷涌而出形成众多泉水。形成七十二名泉。在济南的七十二名泉中，趵突泉、珍珠泉、黑虎泉、五龙潭四大泉群，以及章丘的百脉泉最负盛名。喷涌不息的泉水在市区北部汇流而成的大明湖和位于市区南部的著名佛教胜地——千佛山交相辉映，构成

了济南"四面荷花三面柳，一城山色半城湖"的独特风景线。清冽甘美的泉水是济南市的血脉，赋予这座城市灵秀的气质和旺盛的生命力。众泉汇流成的大明湖，其周围千佛山、五峰山、灵岩山等构成了湖光山色的独特风光。

一、云雾波涛趵突泉

趵突泉是泺水的源头，如今已有二千七百年的历史，号称"天下第一泉"。所谓"趵突"就是跳跃奔突之意，反映了趵突泉三窟迸发、喷涌不息的特点。泉水从地下石灰岩溶洞中涌出，水质清澈透明，味道甘美，其最大涌量达到24万立方米／天。泉水一年四季恒定温度在18摄氏度左右，严冬水面上水气袅袅，像一层薄薄的烟雾，一边是泉池幽深，波光粼粼，一边是楼阁彩绘、雕梁画栋，构成了一幅奇妙的人间仙境，当地人称之为"云蒸雾润"。泉在一泓方池之中，北临泺源堂，西傍观澜亭，东架来鹤桥，南有长廊围合，景致极佳。泉的四周有大块砌石，环以扶栏，可凭栏俯视池内三泉喷涌的奇景。趵突泉边立有石碑一块，上题"第一泉"，其色为墨绿色，为清同治年间历城王钟霖所题。在趵突泉附近，散布着金线泉、漱玉泉、洗钵泉、柳絮泉、皇华泉、杜康泉、白龙泉等三十多个名泉，构成了趵突泉泉群。

趵突泉周围有无数的名胜古迹，尤以泺源堂、娥英祠、观鹤亭、观澜亭、尚志亭、沧园、白雪楼、万竹园、李苦禅纪念馆、王雪涛纪念馆等最为人称道。宋代女词人李清照的故居就在漱玉泉边，因有文集《漱玉集》而得名，泉北的李清照纪念堂正是为纪念这位著名的词人而修建的。值得一提的是趵突泉公园的南大门，布置得富丽堂皇、雍容华贵，大门上的横匾"趵突泉"蓝底金字，是清朝乾隆皇帝的御笔，被誉为中国园林"第一门"。

万竹园座落于趵突泉西，是吸取北京王府、南方庭院、济南四合院建

　　　　　　　　　　　　　　　谁不说俺家乡好

< 趵突泉

筑特点糅合而成的古建筑群。始建于元代，因园中多竹而得名。元代，因园内筑有"胜概楼"，赵孟頫曾有诗描写其壮观，称"济南胜概天下少"。清康熙年间，济南诗人王苹在园内筑书室，易名为"二十四泉草堂"，因园内望水泉居济南七十二名泉第二十四位得名。清末民初年间山东督军张怀芝修此园为私宅，集江南江北之能工巧匠，历时 10 年，始成今日规模。1980 年，市政府将其划归市园林局管理，对其进行了全面整修。1984 年正式对外开放。1985 年恢复和改建了西花园，并正式启用原名——万竹园，成为趵突泉公园的园中园。

二、泉城明珠——大明湖

大明湖是济南三大名胜之一，是一个由城内众泉汇流而成的天然湖泊，面积几乎占了旧城的四分之一。大明湖水色澄碧，画船烟波，堤柳夹岸，莲荷叠翠，沿湖一带历代建筑甚多，素有"一阁、三园、三楼、四祠、六岛、

我爱山东

七桥、十亭"之说，所有建筑均建造精美，各具特色。南面千佛山倒映湖中，构成了"四面荷花三面柳，一城山色半城湖"的秀美画卷。

铁公祠是大明湖公园的园中园，位于大明湖北岸西端，是为纪念明代兵部尚书、山东参政铁铉而建。明建文帝时，燕王朱棣南下夺权，攻至济南。铁铉率军民坚守，屡挫燕王。朱棣攻下南京，自立为帝后，铁铉终因兵微将寡，被俘牺牲。后人敬其英烈，立祠祀之。铁公祠呈长方形，南邻碧波荡漾的大明湖，四周曲廊相围，内有假山池塘，亭榭参差，花木扶疏，自成院落，是济南重要文物古迹和风景名胜，1979年被定为市级文物保护单位。

历下亭是名闻遐迩的海右古亭，位于大明湖东南隅湖中岛上，四面临水，绿柳环绕。历下亭挺拔端庄，古朴典雅，红柱青瓦，八角重檐，是一座轩昂古雅的木结构建筑。唐天宝四年（745年），著名诗人杜甫曾与北海太守李邕饮宴于历下亭，并写下"海右此亭古，济南名士多"的名句，被人广为传诵，历下亭也因此名扬天下。亭中匾额"历下亭"三字，为清乾隆皇帝手书。亭北名士轩中，墙上嵌有杜甫、李邕的石刻画像及济南历代名人的画像，门前抱柱上刻有郭沫若撰写的对联："杨柳春风万方极乐，芙蕖秋月一片大明。"

明湖秋色＞

谁不说俺家乡好

小沧浪位于铁公祠旁，是一处具有江南风格的小园林。始建于清乾隆五十七年（公元1792年），由小沧浪亭、曲廊、荷池等组成，因系效法苏州沧浪亭风格修建，且规模较小，故取名小沧浪。曲廊沿湖而建，湖水穿渠引入荷池，池边建有八角形的小沧浪亭，整组建筑布局奇巧新雅，境界超凡脱俗。小沧浪园门两旁,镌有清人刘凤诰描绘济南风光的著名对联："四面荷花三面柳，一城山色半城湖。"为清代书法家铁保所书。

知识小百科

《老残游记》中的大明湖

在晚清小说《老残游记》中，刘鹗以生动细腻的笔触描绘出一幅幅风景画和风俗图，而其中对济南大明湖美景的描写，更是历来为人们所称道："到了铁公祠前，朝南一望，只见对面千佛山上，梵宇僧楼，与那苍松翠柏，高下相间，红的火红，白的雪白，青的靛青，绿的碧绿，更有那一林半株的丹枫夹在里面，仿佛宋人赵千里的一幅大画，做了一架数十里长的屏风。正在叹赏不绝，忽听一声渔唱，低头看去，谁知那明湖业已澄净的同镜子一般。那千佛山的倒影映在湖里，显得明明白白，那楼台树木，格外光彩，觉得比上头的一个千佛山还要好看，还要清楚。这湖的南岸，上去便是街市，却有一层芦苇，密密遮住。现在正是开花的时候，一片白花映着带水气的斜阳，好似一条粉红绒毯，做了上下两个山的垫子，实在奇绝。"

三、济南名胜千佛山

千佛山古称历山，相传上古虞舜帝为民时，曾躬耕于历山之下，因此又称舜耕山。千佛山位于济南市区南部，峰峦起伏，林木森森，恰似济南

的天然屏障。据史载：隋朝年间，山东佛教盛行，虔诚的教徒依山沿壁镌刻了为数较多的石佛，建千佛寺而得名千佛山。沿盘道西路登山，途中有一唐槐亭，亭旁古槐一株，相传唐朝名将秦琼曾拴马于此。半山腰有一彩绘牌坊，即"齐烟九点"坊。登上一览亭，凭栏北望，近处大明湖如镜，远处黄河如带，泉城景色一览无遗。

山腰处建有兴国禅寺，始建于隋开皇年间，唐代将"千佛寺"改名"兴国禅寺"，自元代始，"三月三"，"九九"重阳节均举办庙会。明代寺院扩建，规模渐大，遂成香火胜地。寺内有大雄宝殿、观音堂、弥勒殿、对华亭。寺门外西南上方的山崖上刻有"第一弥化"四个篆体字，每字约有4米见方。千佛山上的石佛雕刻集中在兴国禅寺后的千佛崖上，有隋代石佛60余尊，年代悠久，具有很高的艺术价值。千佛山之东，佛慧山上也有雕刻石佛。其中主峰山麓有一佛龛，内有一尊头部佛像，高7米，宽4米多，俗称"大佛头"。

千佛山历史悠久，蕴含着丰富的文化内容。相传战国时期齐人黔娄在此凿石为洞，隐居其中。齐威王曾以重金相请，黔娄不为所动。现山上仍有黔娄洞，并流传着这样一则故事：黔娄死时，盖了一方白布，白布甚小，盖上了头则露出了脚，盖上脚则又露出了头。孔子的弟子曾参之孙曾西说："把布斜着盖，不就盖严了吗？"黔娄的妻子韦丛说："斜着盖有余，不如正着盖不足。先生在世的时候，非常正直，死后却让他歪斜，这哪能是先生的本意呢？"这则故事至今传为佳话。

近年来，千佛山公园先后增添了桃花园、游览索道、瀛芳园、奇能滑道、十八罗汉、卧佛、大舜石图园、梨园、瀑布等。1995年被列为全省七大风景区之一，成为一处历史悠久、风景秀丽，以舜文化和佛教文化为特色的规模宏大的旅游胜地。

第四节　青岛：红瓦绿树 碧海蓝天

青岛与海相拥而生，是一座独具特色的海滨城市，也是中国的品牌之都。岬湾相间，沙软滩平的海岸线，起伏跌宕的海上仙山——崂山；"红瓦绿树，碧海蓝天"的城市风景；典型欧陆风格的多国建筑；浓缩近现代历史文化的名人故居；现代化的度假、会展条件，这一切都使青岛这座中西合璧，山、海、城相融相拥的城市，成为中国最优美的海滨风景带。使青岛早在 20 世纪初就成为中国著名的旅游胜地。

一、美丽的青岛海滨

来到青岛，最让人着迷的就是大海了，它从三面环绕着青岛，尤其是被本地人称作"前海沿儿"的那一带，风景更美。其风光特色为汇山、海、城于一体，融自然与人工为一炉，是国家级风景名胜区当中少数位于城市中心的风景区。

栈桥是青岛的重要标志性建筑物，位于青岛湾中，与市内最繁华的中山路成一条直线，由海岸前伸入海，素有"长虹远引"之美誉。栈桥初建于光绪十八年（1892 年），是青岛最早的码头。桥南端筑半圆形防波堤，堤内是一座具有民族风格的两层八角亭，金瓦朱壁，盔顶飞檐，题名"回澜阁"。栈桥划波斩浪，像一条长龙横卧于碧海银波。循桥渐入，仿佛走进大海的怀抱；伫立阁旁，层层巨浪澎湃涌来，拍打堤坝，击起万千碎玉；

进入阁内，沿螺旋楼梯登到楼上，四周尽是宽敞的大窗，放眼望去，又是另一番怡人风景，"飞阁回澜"因此被誉为"青岛十景"之一。

由栈桥向东走不远，是第一海水浴场，这里坡缓沙细、水清浪静，是亚洲最大的沙滩浴场。

浴场沿岸的岩石由于受海浪的侵蚀，不断剥蚀成细小的砂砾，并在海湾的浅滩上沉积起来，形成了东西各长约 580 米、宽达 40 多米的细沙滩，并向海内延伸到极远处。由于汇泉角的阻隔使进入湾内的涌浪渐次衰减，因而形成了浪高仅为 1 米左右的平静海面，十分适合开展海上娱乐活动。

这里风景优美，远处狭长的汇泉角，浪打红礁，绿荫遮地；幽静的花木掩映，楼影朦胧。而近处的海滩，碧浪金沙，形如弯月。浴场游泳洗浴设施齐全，更衣室五颜六色、精巧玲珑。是夏季旅游避暑绝佳的选择。

海水浴场北面不远处是鲁迅公园。鲁迅公园内红礁、碧水、青松、幽径、亭榭逶迤多姿，淡雅清新，景色迷人，是一处兼有园林美和自然美的风景区。园内赭红色礁石突兀嶙峋，形成天然丘壑，悬崖断岸，海浪搏击，景色蔚为壮观。园内道路依势而成，起伏自然，筑有泻水小桥，曲径通幽。伴以茂密的黑松林和凉亭、水族馆等建筑的点缀，形成一幅瑰丽的海滨风景图画，成为游人观潮、听涛、赏景、垂钓的理想地。

栈桥>

谁不说俺家乡好

小青岛公园位于青岛湾内，有防波堤与陆地相接，其形如琴，又名琴岛。小青岛最显眼的景致是最高处矗立的一座洁白的锥形灯塔，这是海上过往船只进出胶州湾的重要航标。每当夜幕低垂，灯影波光交相辉映，像一幅飘动的彩绸，形成青岛的——大胜景——"琴屿飘灯"。

与汇泉广场一路之隔的是青岛最大的综合性公园——中山公园。公园三面环山，南向大海，天然造就了这处风景佳地。园内林木繁茂，枝叶葳蕤，是青岛市区植被景观最有特色的风景区。公园东傍太平山，山南麓的青岛植物园，近百种林木与公园的四时花木连为一体，树海茫茫，郁郁葱葱。中山公园的樱花早在上世纪 30 年代就已负盛名。"东海花海"被列为青岛市十景之一。

二、万国建筑博览会——八大关

八大关是最能体现青岛"红瓦绿树、碧海蓝天"特点的风景区。所谓"八大关"，是因为这里有八条马路是以长城的八个关口命名，这些马路纵横交错，形成一个方圆数里的风景区。八大关景区地势起伏，花木葱茏，空气清新，环境幽雅，有近百幢造型迥异的西式别墅及别致精巧的庭院绿地。

"八大关"的特点，是把公园与庭院结合在一起，马路两侧到处是郁郁葱葱的树木、四季盛开的鲜花。八大关的树木达 400 余种。人行道树种各异，如韶关路全植碧桃，春季开花，粉红如带；正阳关路遍种紫薇，夏天盛开；居庸关路是五角枫，秋季霜染枫红，平添美色；紫荆关路两侧是成排的雪松，四季常青；宁武关路则是海棠……从春初到秋末花开不断，被誉为"花林"，成为春季人们踏青的又一好去处。西南角则绿柏夹道，成双的绿柏隔成了一个个"包厢"，为许多情侣们所钟爱，因此这里又被称为"爱情角"。

"八大关"的建筑造型独特，一幢幢别具匠心的别墅，风格名异，有

八大关花石楼＞

俄罗斯、德国、英国、法国、美国、日本、丹麦、西班牙、希腊等 24 个国家建筑风格的西式别墅及别致精巧的庭院绿地。多采用青岛特产的花岗岩建造，色彩雅致，造型庄重美观；使八大关有了"万国建筑博览会"的美誉。八大关优美的环境和风格绚丽多样的建筑不但吸引了广大游客，也吸引了影视界的目光，许多电影、电视剧选择八大关作为外景地。如《劫后桃花》、《第二个春天》等 40 多部影片以及《宋庆龄和她的姊妹们》、《第二次握手》、《革命军中马前卒》等 50 余部电视剧都将八大关作为外景拍摄地。因此，八大关又有"天然影棚"之称。2005 年 11 月，八大关被中国国家地理杂志评为"中国最美的五大城区"之一。

三、海上第一名山——崂山

崂山是山东半岛的主要山脉，崂山的主峰名为"巨峰"，又称"崂

谁不说俺家乡好

顶"，海拔 1132.7 米，是我国海岸线第一高峰，有着海上"第一名山"之称。它耸立在黄海之滨，高大雄伟。当地有一句古语说："泰山虽云高，不如东海崂。"

崂山山海相连，雄山险峡，水秀云奇，山光海色，在全国的名山中，唯有崂山是在海边拔地崛起的。漫步在崂山的青石板小路上，一边是碧海连天，惊涛拍岸；另一边是青松怪石，郁郁葱葱。传说秦始皇、汉武帝都曾来此求仙，这些活动，给崂山涂上一层神秘的色彩。崂山是中国著名的道教名山，过去最盛时，有"九宫八观七十二庵"，全山有上千名道士，号称"道教全真天下第二丛林"。著名的道教人物丘处机、张三丰都曾在此修道。原有道观大多毁坏。保存下来的以太清宫的规模为最大，历史也最悠久。

太清宫始建于西汉武帝建元元年（公元前 140 年），为崂山道教祖庭，是崂山最大的道观。全真道天下第二道场。太清宫位于崂山南麓老君峰下，三面环山，前濒面海，四季葱茏赛江南，道教的"返璞归真"内涵与崂山自然生态互为诠释，浑然天成。

太清宫由"三官殿"、"三皇殿"、"三清殿"三个独立院落组成，每个院落都有独立的围墙，单开山门，风格清淡简朴。

三官殿这组建筑最大，前后三进院落。殿内塑有天、地、水三官以及真武、雷神等神像。院内有紫薇、银杏、牡丹、耐冬等花木。特别是正殿前院的两棵干粗合抱的耐冬（山茶花），一棵开红花，一棵开白花，每逢冬尽春临之际，拳头的花朵开满枝头，红的火红，白的雪白，花期持续三个月。寒冬季节，满树绿叶滴翠，红花娇艳，犹如落下一层绛雪。据说这两棵耐冬，是明永乐年间道士张三丰从海岛上移植于此。

蒲松龄写《聊斋志异》，多次以崂山为背景。宫中原有白牡丹，高及屋檐。当年蒲松龄寓于此，与牡丹、山茶相对，孕育出优美神话故事《香玉》，写白牡丹和红山茶变成美丽的女子，与一书生相恋的故事，为《聊斋志异》中的佳作。

崂山太清宫＞

　　崂山的最高峰名为巨峰，又称崂顶，位于崂山中部群峰之中，为崂山九大风景游览区中最高最险峻的一个景区。有一线天、黑风口等景观。巨峰极顶有一块几尺见方的岩石，名"盖顶"，又称"磕掌"，仅能容三四人。巨峰山势陡峭，攀登艰难。"云海奇观"、"旭照奇观"、"彩球奇观"是巨峰的三大奇观。特别是"旭照奇观"，绮丽壮美，被列为崂山十二景之冠，称"巨峰旭日"。人文景观和自然景观交相辉映的崂山，1982年被国务院首批确定为国家重点风景名胜区之一，并被林业部确定为国家森林公园。

第五节　人间仙境 梦幻烟台

　　烟台位于胶东半岛北端，南有大王山、塔顶山等为屏障，北临碧波万顷的渤海之滨，依山傍海，气候宜人，冬无严寒，夏无酷暑，全年平均气温摄氏12度左右，自然风光秀丽，有多处国家级森林公园及国家级候鸟

　　　　　　　　　　　　　　　　　　　　　　　谁不说俺家乡好

自然保护区,是我国北方著名的避暑和休闲度假胜地。烟台地区历史悠久,人文历史资源丰富,拥有新石器时代的古文化遗址、近代开埠最早的烟台山领事馆基地遗址、人间仙境蓬莱阁、海上仙山长岛、莱州云峰山魏碑刻石等名胜古迹。优美的自然风光和人文景观,每年吸引了大批中外游客前来观光旅游。1998 年烟台成为首批 54 座"中国优秀旅游城市"之一。

一、烟台山

烟台山位于市区北端,三面环海,岗峦兀立,林木葱茏,清秀幽雅。站在烟台山上,可尽览烟台市全貌。

烟台古称芝罘,明代在山巅设狼烟墩台以防倭寇,故名烟台山,烟台市亦由此得名。1862 年烟台开埠后,英、美、法、日等 16 个国家相继在烟台山上和山麓建造领事馆、教堂和邮局,1948 年至 1978 年由人民解放军驻防,1988 年正式成立了烟台山公园。

烟台山绿树翠盖,风光秀丽,景观颇多。山阴半腰陡崖峭壁间,有一块巨石凌空横卧,下有石垫,其形如船,俗称"石船"。上世纪 80 年代新建的烟台山灯塔,已被定为烟台市市标。山上现已倾圮的明末所建龙王庙

＜烟台山

我爱山东

院中，立有一块巨石，高2米，长3米，宽2米。相传烟台山建烽火台前，每年春季必有群燕汇集于石上，当地渔民称此石为"燕台石"。位于东北角礁石盘上的惹浪亭。临海而立，渐次跃于海面，于远处观看，恰似飞峙于万顷波涛之上，立身于千层浪涌之中，大有招波惹浪之态。在此观海听涛，别具情趣。烟台山是烟台市区的主要风景游览区之一。

二、人间仙境——蓬莱阁

举世闻名的蓬莱阁就坐落在蓬莱市北濒海的丹崖山上，相传吕洞宾、铁拐李、张果老、汉钟离、曹国舅、何仙姑、蓝采和、韩湘子八位神仙，在蓬莱阁醉酒后，凭借各自的宝器，凌波踏浪、飘洋渡海而去，留下"八仙过海、各显其能"的美丽传说。

蓬莱阁始建于北宋嘉佑六年（1061年），整个规模宏大的古建筑群由蓬莱阁、天后宫、龙王宫、吕祖殿、三清殿、弥陀寺六大单体及其附属建筑组成。因为蓬莱阁的神奇景象和宏伟规模，与黄鹤楼、岳阳楼、滕王阁并称为"中国四大名楼"。阁内文人墨宝、楹联石刻，不胜枚举。蓬莱阁现已是国家重点文物保护单位。

蓬莱阁的主体建筑坐北面南，系双层木结构建筑，阁上四周环以明廊，可供游人登临远眺，是观赏"海市蜃楼"奇异景观的最佳处所。阁中高悬一块金字横匾，上有清代书法家铁保手书的"蓬莱阁"三个苍劲大字，东西两壁挂有名人学者的题诗。位于蓬莱阁下的仙人桥，结构精美，造型奇特，传说为"八仙"过海的地方。

位于丹崖山东侧的蓬莱水城，它的历史要追寻到宋代。明洪武九年在宋代所建刀鱼寨的基础上修筑水城，是国内现存最完整的古代水军基地。1982年，水城与蓬莱阁一同被国务院公布为全国重点文物保护单位。

<蓬莱阁

三、海上仙山——长岛

　　长岛国家地质公园位于胶东和辽东半岛之间，黄海、渤海交汇处，南临蓬莱，北倚大连，西靠京津，东与韩国、日本隔海相望。冬暖夏凉、气候宜人，素有"海上仙山、候鸟驿站"之美誉。

　　长岛国家地质公园是中国唯一的海岛国家地质公园，随外可遇的海蚀崖、洞、柱、石、象形礁、象形石、彩石岸、球石等惟妙惟肖，叹为观止，被地质专家称为东方奇观。特别是地质地貌、自然景观及清晰的黄渤海分界线，保存极其完好，在国内甚至世界上都具有典型性和稀有性，具有极高的观赏价值和科研价值。

　　长岛诸岛中部偏东的车由岛，因为岛上栖居着上万只海鸥，所以被称为"万鸟岛"。全岛海岸地貌多为悬崖陡壁，这些如劈如削的断崖，经过风化和海蚀，崖壁坑坑洼洼，石阶、石台、石窟、石穴互相连接，形成一座座自然的"石楼"供海鸥栖息。车由岛唯有中部一涵洞可通至山腰，极其险峻，人称"通天路"。走在通天路上，随手可以触及到鸟儿的羽翼，宛如置身于海鸥的王国；等到登上山顶，鸟儿则又全在脚下了。

长岛县黑山岛 >

　　"吃住在渔家，游乐在海上"这一具有浓郁地方特色的"渔家乐"旅游项目于 1999 年始创于山东省唯一的海岛县——长岛县。游客离开喧闹的都市到渔村做一次"渔民"，吃渔家饭、睡渔家炕，跟渔民们出海布网、下笼、抓蟹、收获鲜活的鱼虾，体会渔家民俗。

四、民间小故宫——牟氏庄园

　　山东牟氏庄园，是全国三大庄园之一，位于烟台栖霞，民间也称"牟二黑子庄园"，是北方头号大地主牟墨林家族几代人聚族而居的地方。牟氏庄园是中国北方规模最大、全国保存较完整、极具典型特征的封建地主庄园，同时也是山东传统民居的代表，有"中国民间小故宫"之称。1988 年，被国务院确定为国家重点文物保护单位。

　　牟氏庄园的建筑古朴壮观，内涵深沉，六个大院沿南北中轴线依次建为南群房、堂房、客厅、大楼、小楼、北群及东西群厢多进四合院落，形成一套完整的具有典型北方民居建筑特色的古建筑群落。庄园建筑工艺独特，雕刻砌凿，工艺细腻精湛，明柱花窗，文采斐然，美妙绝伦，具有"三雕"、

谁不说俺家乡好

"六怪"、"九绝"之艺术特色，被誉为"传统建筑之瑰宝"，具有极高的艺术价值和丰富的历史文化内涵。

牟氏庄园的农耕文化独具特色，"学而优则仕"是绝大多数读书人所选择的道路，而牟氏族人却选择了归隐田园，置地农耕。庄园正门上的"耕读世业、勤俭家风"正是牟氏族人看淡功名、追求宁静、积攒家业的精神写照。

<牟氏庄园

知识小百科

家族大戏《牟氏庄园》

该剧根据栖霞籍作家衣向东小说《牟氏庄园》改编，以中国历史上北方最大的庄园几十年盛衰史为背景，讲述了风雨如磐的20世纪上半叶，名震胶东的大地主牟氏家族中，女当家人姜振帼的跌宕人生和坎坷命运。这位山东女子在丈夫骤然离世、族人虎视眈眈、家业百废待兴的关键时刻，用她独特的气质和智慧，力挽家族波澜于危难之间，最终成为铭刻于齐鲁大地史册的奇女子，再现了百年商业家族的辉煌与没落。《牟氏庄园》是中国第一部庄园大戏，也是继《大宅门》、《乔家大院》之后又一部传奇巨制。

第六节　中国最美湿地——黄河入海口

中华民族母亲河——黄河，由青藏高原巴颜喀拉山的东麓出发，纳细流汇百川而由涓涓小溪变成滔滔大河，然后它浩浩荡荡穿越黄土高原，走过中原大地，经过九个省、自治区，最终在这片神奇的土地上汇入渤海。在这里造就了我国暖温带最完整、最广阔、最年轻的原生湿地生态系统——黄河三角洲湿地生态系统。在这里你可以看到河海交汇的雄浑，可以看到长河日出的壮观，更能看到由这片年轻湿地孕育出来的碱蓬、芦苇、森林和由这一切所构成的鱼的家乡、鸟的乐园。一块湿地让古老而年轻的黄河三角洲平添了无限神韵，让世界上独一无二的黄河口有了更丰富的自然与人文的内涵。

一、黄河口湿地生态旅游区

黄河口湿地生态旅游区位于黄河三角洲国家自然保护区和国家级森林公园内，以独有的黄河口湿地生态景观而闻名。古诗曰：黄河之水天上来，奔流到海不复回。诗中所指黄河入海口就在此处。黄河千年的流淌与沉淀，在它的入海口成就了中国最广阔、最年轻的湿地生态系统。黄河口湿地属于高度特异性旅游资源，有很强的观赏性。因其独特的湿地生态环境，得天独厚的自然条件，这里的生物资源非常丰富，是集生态原始旅游、湿地科学考察、鸟类研究、爱国主义教育于一体的旅游地。

<黄河口湿地

　　在世界上独一无二的黄河入海口，你可以看到中华民族母亲河与大海交汇的景色。经过万里奔波，黄河入海时已显得坦荡而平静。放眼望去，河岸上茫茫的荒原与河水融合在一起，在蓝色的晴空下闪着金色的色泽。海河交汇处黄蓝分明的的水位线恰似两匹绚丽的绸缎，在此打上一个同心结，系在黄河三角洲的颈项上。进入汛期，河水涌浪滚滚，涛声阵阵。天水一色，气势磅礴，如一条黄龙，咆哮着向大海冲刺，景象极为壮观

　　在黄河口观看日出，是又一独特的奇异景观；在黄河入海口处观看长河落日也别有一番情趣，夕阳的余辉洒在黄河故道上，各种水禽在河面上嬉戏觅食，形成一幅天然画卷。

　　在自然保护区内，还有一望无际的芦苇湿地景观。芦苇是最早发芽吐绿的植物，在每一处低地和水泽地，都是一片淡淡的翠绿，芦苇植株高大，长势猛烈，几尺高的芦苇成片长成后，像荒原上的天然屏障。到了秋天，百草结籽，芦穗由淡转成粉白，成絮状物，成熟后像蒲公英一样离开母体，在空中、荒野上随风飘扬，如云如雪。

　　海河相会处形成大面积浅海滩涂和湿地，成为东北亚内陆和环西太平洋鸟类迁徙的重要"中转站"和越冬、繁殖地。区内水生生物资源丰富，据初步调查有800多种，其中属国家重点保护的有文昌鱼、江豚、松江鲈鱼等。有野生植物上百种，属国家重点保护的濒危植物野大豆分布广泛，

各种鸟类约187种，列为中日候鸟保护协议受保护的达108种，其中国家重点保护野生动物丹顶鹤、白头鹤、白鹳、金雕、大鸨、大天鹅、小天鹅、灰鹤、蜂鹰等32种，各种鹭类、雁鸭类水禽不但种类多，数量也极为丰富。

二、黄河水体纪念碑

黄河水体纪念碑又名"AGEPASS—黄河的渡过"，位于东营市东城清风湖南岸、广利河北岸，是世界上第一座大型水体纪念碑。

黄河水体纪念碑是中国旅美艺术家陈强策划、东营市具体承建的由物体、行为和信息传播三要素组合而成的大型观念艺术作品。碑体长790.3米，高2.5米，宽0.9米，碑身由1093个盛装黄河水样的钢化玻璃水罐组合而成，碑断面构造自下而上依次为毛石基础、浅白色花岗岩碑座、钢化玻璃罐和碑顶。

所取黄河水样，是自黄河源头至入海口每隔5公里设一取水点，大河上下共设1093个取水点，有雪域高原的冰川水，有内蒙古草原的潺潺溪水，也有清浊分明的泾、渭河水。1994年8月27日在各取水点同时取0.5立方米水，经处理后注入钢化玻璃罐中，再按取水顺序自西向东排列组成纪念碑主体。每一罐体上都用中、英、法、德、日文表明汲取地点经纬度。黄河水体纪念碑通过对黄河河水的艺术展现，浓缩了黄河从源头到入海的过程；也从一个抽象的角度，象征着"过去—现在—将来"，体现宇宙万物的渡过过程，传达人类互助合作精神和相互依存关系。

黄河水体纪念碑作为一个以黄河为主体的观念艺术作品，以其独到的艺术形式和丰富的文化内涵反映了黄河的历史文化，是一座中华民族和华夏文化的纪念碑。它通过对黄河河水和黄河文化的艺术展现，全方位史诗般地塑造了黄河的完整形象，向全世界昭示了中国的精神根基、民族底蕴和时代进程。

<黄河水体纪念碑

第七节　最早迎接太阳的地方——威海

　　威海地处中国大陆入海的最东端，被称为"最早迎接太阳的地方"是传说中太阳神的故乡。这里有海，有岛，有山，有泉，四季分明，气候宜人，还有处处皆风景的城市。境内有中国道教全真派发祥地"仙山之祖"昆嵛山，胶东胜境铁嵖山等名山秀川，秦始皇东巡时驻足的"天尽头"，中国近代海军的摇篮刘公岛等名胜古迹。还有分布于全市的温泉和海水浴场。2003年，创建了全国第一个"中国优秀旅游城市"群；2005年，被评为"欧洲游客最喜爱的中国旅游城市"。

一、中国海军的摇篮——刘公岛

　　在碧波荡漾的威海湾口，镶嵌着一颗璀璨的海上明珠，这就是驰名中外的刘公岛。刘公岛因传说刘邦的后代逃难到此而得名，又因为甲午海战而闻名。

我爱山东

刘公岛>

　　刘公岛山光水色，秀丽无比，名胜古迹，移步皆是，素有"海上仙山"和"世外桃源"的美誉。光绪十四年（1888年）清朝在刘公岛建立了当时亚洲第一、世界第六的北洋水师，光绪二十年（1894年）这里发生了著名的甲午海战，李默然主演的电影《甲午风云》反映的就是这一历史事件。甲午战败之后，光绪二十四年（1898年），威海和香港新界一起被英国强行租借，成为闻一多先生笔下的"七子"之一。此后32年，威海处于英国的殖民统治之下，社会、风俗、建筑等发生了很大变化。1930年10月，中国国民政府收回威海卫，设立威海卫特别行政区，直属国家行政院，可以说威海是中国最早的"特区"。

　　如今刘公岛风光旖旎，气候宜人，是全国第一个海上森林公园，是"国家重点风景名胜区"。岛上的北洋海军提督署是国家重点文物保护单位。

二、中国好望角——成山头

　　成山头位于中国海岸线最东端，像一条吮吸沧海的巨龙悍力伸向大海，直超宝岛台湾东越68分，是大陆伸向海洋的东极地，是中国最早看见日

谁不说俺家乡好

<成山头

出的海上高角，人称好运角。这里三面环海，一面连陆，是中国邻海基准点之一。

　　古时，成山头是日神所居之地。据《史记》载，姜太公封八神，日神首东，自此立庙拜日神。公元前219年、前210年秦始皇曾2次驾临此地，呼："天尽头！"公元前94年，汉武帝刘彻率领文官武将东巡至此，被"成山头日出"这一天下奇观所折服，遂下令在成山头又修拜日台、拓日主祠，以感恩泽，且作"赤雁歌"志之。后历代帝王均有幸成山头拜日神之举，这里是名副其实的金乌之巢、太阳之家。

　　成山头福文化区与海驴岛风景区翘首相望。景区自然地貌宛如一只浮在海上的巨大葫芦，寓意"福禄双全"。景区内风光独特，景物自然天成。景区以开发、挖掘、弘扬中华民族福文化为主旨，融自然古迹、史料遗闻、神话传说、民间故事等于一体。区内建筑风格迥异，追求和谐完美。整个景区山水相映，群芳争艳，岛湖相连，鱼跃鸥翔，人们在此既可以祈福纳祥，又可荡浆戏水，也可赶海拾趣，还可以怡然品海珍、悠然抒情怀，在碧海蓝天之间畅游，在乐中领略"福"的真谛，置身其中，陶然于世外！

三、东方天鹅王国——荣成天鹅湖

荣成天鹅湖省级旅游度假区坐落于胶东半岛最东端，富饶美丽的成山卫镇境内，东南两面濒临渤海，四季分明，年平均气温 11.8 摄氏度，属中纬度温带季风性海洋气候。

景区拥有世界上最大的天鹅栖息地——成山卫天鹅湖。湖内水质清洁明澈，沙滩纯净金黄，蓝天碧水金沙滩，景色秀丽，气候宜人。每年 11 月份至翌年 4 月份，上万只大天鹅、几万只野鸭、大雁不远万里，从西伯利亚、内蒙古等地呼朋唤友、成群结队悄然降落，栖息越冬，形成世界上最大的天鹅湖，被国内外专家学者誉为"东方天鹅王国"。湖与海由一条宽 100 米的大沙坝相隔，形成天然的万米海水浴场和沙浴场地。

荣成天鹅湖 >

第八节 灵秀之都 古韵淄博

一、鲁中第一山——鲁山

鲁山位于山东省最中心，淄博市的东南部。鲁山主峰——观云峰，海拔 1108.3 米，是山东省第四高山，鲁中地区最高峰。

鲁山国家森林公园总面积 42 平方公里。公园以其优美的森林环境，奇特的自然风光，丰富的人文景观，优越的地理位置，成为鲁中独具特色的森林旅游区。公园现规划为六大景区，一百四十多处景点，集山、水、林、泉、石、洞为一体。其中云海日出、四雄竞秀、月上听涛、夏日鸟会、万石迷宫、驼禅寺、鬼市、一线天、云梯仙境、枣树峪与登天沟瀑布、鸣石山奇石、道沟森林浴场、北坪江南水乡等景观具有很高的旅游品位。宋代诗人梅尧臣曾游鲁山，写了《鲁山山行》，称赞这里的美好景色："适于野情惬，千山高复低。好峰随处改，幽静独行迷。霜落熊升树，树空鹿饮溪。人家在何许，云外一声鸡。"

鲁山历史悠久，曾是我国元、明、清三朝的皇家养马场，又是建国后的第一批国营林场，生态环境得到了完整的保护，公园森林覆盖率达 97%以上。自然生态资源十分丰富，有植物种类 1300 余种，动物 751 种，仅国家级保护动物就达 39 个品种，动植物种类、数量居省内前列，被称为"鲁中动植物王国"。

鲁山国家森林公园以森林景观为主体，苍山奇峰为骨架，清溪碧潭为脉络，人文古迹点缀其间，构成了一幅静态景观与动态景观相协调、自然景观与人文景观浑然一体、风格独特的生动画卷，是一处无暑无尘的清凉净地，是您远离喧嚣城市、回归自然、休闲度假的胜地。

鲁山观云峰＞

知识小百科

鲁山的传说

　　相传春秋末年，鲁国的国君鲁哀公命令鲁班在6个月内为他修造一座宫殿。宫殿规模宏大，需要一些很大的木材。鲁班带领工匠走了很多地方，都没有找到需要的木材。终于有一天，他们走进一片山林中，这里怪石嶙峋，古木参天，三人合抱的大树比比皆是。这可把他们乐坏了，一打听，才知这座山名叫东山。当时，他们用的工具是斧头，砍伐这样粗壮的大树非常吃力，工作进展很慢。看到这些，鲁班心里非常着急。有一天，他们又上山时，由于刚下过雨路比较滑。鲁班一不留神脚下一滑，他顺手抓住了身边的一丛茅草。当他站稳脚跟时，发现手指划破了。是什么划伤了手指呢？鲁班拿起草叶仔细观察起来，发现叶子的边缘有一排锋利的细齿。于是他便根据这个原理发明了锯，顺利地完成了采伐任务。人们为了纪念鲁班，就把东山改名为鲁班山，后来渐渐地简称鲁山了。

谁不说俺家乡好

二、天下第一村——周村古商城

周村是我国北方丝绸之路的源头之一。明清时期发展成为北方重镇,乾隆御赐"天下第一村"。1904 年,当地士绅自主开放为对外开放的商埠,达到繁荣鼎盛,发展成为闻名全国的商业重镇,有"金周村"、"旱码头"、"丝绸之乡"等美誉。

周村古商城位于周村城区中部,是在周村不断发展的过程中逐渐形成和建立起来的。特别是周村被开辟为商埠后,北京、天津、上海等地的1000 多家老字号,美孚石油公司、壳牌公司、日本三井公司和铃木洋行等108 家外国商号,大德通、日升昌、三晋源等 200 多家山西银号以及孟氏"八大祥号"先后来这里营业经商,远近富商巨贾竞相云集,周村古商城的发展达到了鼎盛时期。谚云:"大街不大,日进斗金。"

周村古商城由大街、丝市街、银子市街、绸市街等古商业街区组成,南有山东讨袁护国军司令部旧址及魁星阁庙宇,北有明教寺、千佛阁、汇龙桥,是周村自然人文的集汇所在。古商业城的主要街道又叫大街,是周

<周村古街

村最大、最古老的一条商业街，始建于明永乐年间（约1410年）。周村大街虽历经数百年风雨至今仍保留完好，街区纵横，店铺林立，建筑风格迥异，被我国古建筑保护委员会的专家阮仪三誉为"中国活着的古商业建筑博物馆群"，具有很高的旅游观光价值。电视剧《大染坊》、《旱码头》、《闯关东》以及电影《活着》等先后在此拍摄。

第九节　聊城：运河古都　江北水城

聊城位于山东西部，古运河畔，是一座历史悠久的文化名城，资源丰富，名胜众多，犹如一颗璀璨的明珠镶嵌在鲁西北平原上。

一、东昌古城

东昌古城即聊城古城，坐落在聊城市区内东昌湖中间，城墙始建于宋熙宁三年（1070年），初为土城。明洪武五年（1372年）东昌平山卫指挥金事陈铺改筑为砖城。城设4门，上筑门楼，外设瓮城。南、东、西瓮城为扭头门，南门东向似凤头，东、西门南向似凤翅，北门北向似凤尾，故名"凤凰城"。四城门楼皆重檐歇山，四角飞翘。各个城门均有水门、吊桥，城高大坚固，易守难攻，大有高屋建瓴、睥睨四邻之势。

古城现仅存城墙墙基，并被辟为环绕古城的道路。光岳楼仍高高矗立于古城中央。城区街道，经纬分明，垂直交叉，形成棋盘方格网状骨架。城区民居多为三合院、四合院，至今保留着白墙、灰瓦、坡屋顶的传统建

　　　　　　　　　　　　　　　　　　　谁不说俺家乡好

筑风格。古城四周，由东昌湖环抱。古城以东，是运河城区，为明清时期发展起来的商埠区。这一带的街巷多布列在运河两岸，随坡就势，依河而建，大小街衢皆与运河相通。沿河民居多为前店后居、板门小院。古城隔东昌湖与聊城新区紧密相连。从空中俯瞰，湖水像一幅巨大的缎带环绕古城，古老的大运河似玉带在古城区蜿蜒而过，铁塔、光岳楼、山陕会馆如明珠闪烁于城中湖畔。

古城区共有九街十八巷、七十二胡同。明清时期，大部分政府职能部门集中在古城的西北部。直到现在，老人们还可以很容易地指出哪里是道署衙门，哪里是文庙，哪里是驿所。而在老城的南半部，居住的都是当年的大户人家，一些街道也就因附近的寺庙和人家得名。

二、中国名楼——光岳楼

光岳楼位于聊城旧城中央，其主体结构建于明洪武七年（1374年）。明弘治九年(1496年)，考功员外郎李赞到聊城，见此楼高壮极目，天下所无，但及今百年，尚落寞无名，因与当时东昌府太守金天锡商定，命名"光岳楼"，"取其近鲁有光于岱岳"。该楼是一座由宋元向明清过渡的代表建筑，系我国现存明代楼阁中最大的一座。在形式上它承袭宋、元楼阁遗制，结构上继承了唐、宋时代的传统风格，同时和明初其他建筑也有若干相似之处，开"官式"建筑先河。光岳楼是聊城古老文明的象征。

光岳楼为四重檐歇山十字脊楼阁，由楼基和4层主楼组成，总高33米。楼基为砖石砌成的方形高台，主楼为木结构，4层5间，歇山十字脊顶，四面斗拱飞檐，且有回廊相通。楼内匾、联、题、刻琳琅满目，块块题咏刻石精工镶嵌，其中尤以清康熙帝御笔"神光钟瑛"碑，乾隆帝诗刻，清代状元傅以渐、邓钟岳手迹，郭沫若、丰子恺匾额、楹联至为珍贵。

光岳楼>

三、民间藏书楼 —— 海源阁

　　海源阁是我国历史上最著名的私人藏书楼之一，清道光二十年进士杨以增所建，总计藏书22万册。它与江苏常熟的"铁琴铜剑楼"，浙江吴兴陆心源的"皕宋楼"，浙江杭州的"八千卷楼"合称清代四大藏书楼。其中又以常熟瞿氏和聊城杨氏两家所收藏的宋元刻本和抄本书为最多，因之又有"南瞿北杨"的美称，深为海内外学者所仰慕。海源阁藏书楼位于光岳楼南万寿观街路北杨氏宅院内，为单檐硬山脊南向楼房，面阔三间，上下两层，下为杨氏家祠，上为宋元珍本及手抄本等秘籍收藏处。藏书楼上层中间门额上悬挂"海源阁"匾额一方，为杨以增亲书，额后有杨以增自题跋语。海源阁藏书浩瀚，是杨氏四代人潜心搜集的结果。杨氏第四代人杨保彝编著《海源阁宋元秘本书目》及《海源阁书目》计有208300卷有余。另有不载于书目者尚多。

知识小百科

海源阁藏书流散记

海源阁藏书遭受过屡次灾难，第一次是咸丰十一年（1861年）藏于杨家别墅"陶南山庄"

　　　　　　　　　　　　　　　　　　　　　　　　谁不说俺家乡好

珍贵书籍被捻军烧毁四分之一。第二次是民国时期的 1928 年，西北军马鸿逵部进驻聊城，掠走损毁海源阁部分藏书。1929 年土匪王金发占领聊城，将珍本掠走大部，普通版本尚未波及。此后各方军队入城，海源阁藏书不仅善本无存，就是普通书籍也大量损毁。流出的书籍散布于天津、北平、济南等地。目前海源阁存剩书籍多散落于民间，北京图书馆和山东省图书馆藏有部分图书。

四、中国古代建筑的杰作——山陕会馆

山陕会馆位于聊城东关双街南首，在京杭大运河西岸。会馆始建于清乾隆八年（1753 年），原是山西、陕西两省商贾联乡谊、祭神明的处所，是全国现存规模最大、保存最为完好的一所会馆。

整个会馆是一座庙宇和会馆相结合的建筑群体，主要建筑有山门、戏楼、夹楼、钟鼓楼、看楼、碑亭、大殿、春秋阁等，在其便门两侧影壁上的石刻对联特别引人注目，左为"精忠贯日"，右为"大义参天"，均表现出晋商对国"精忠"对商"大义"的准则。便门上方还各有石匾一方，左为"履中"，右为"蹈和"。"履中"，意为处事中正，公平；"蹈和"意为和气、和谐。

<山陕会馆

我爱山东

会馆建筑规制严整，殿阁楼廊富于唐宋遗韵，层檐飞动，线条流畅精美，彩绘绮丽。整座建筑看上去面积虽不算大，但却布局紧凑，设计合理，大小间错，疏密得体，集精巧的建筑结构和精堪的雕刻艺术于一身，反映出古代匠师们的精湛技艺，是我国古代建筑的杰作。为研究我国古代建筑不可多得的珍贵资料。1988 年被定为全国重点文物保护单位。

第十节　菏泽牡丹甲天下

菏泽古称曹州，素有"雄峙烈郡"，"一大都会"之誉。这里历史悠久，史不绝书，文化底蕴深厚，是我国著名的牡丹之乡、武术之乡、书画之乡、戏曲之乡、民间艺术之乡。菏泽旅游以人文景观为主线，以自然风光为依托，形成了"赏菏泽牡丹、浴南华温泉、游宋江故里、登水泊梁山"的旅游线路。

牡丹原产中国，被誉为"国色天香""花中帝王"。其花大、色艳、型美、富丽堂皇、雍容华贵，香浓傲骨。自古我国人民视牡丹为"和平、幸福、富贵"的象征。

菏泽牡丹历史上也称曹州牡丹，特点是枝挺拔有致，叶繁茂多姿，花雍容华贵，以其花大、色艳、型美、香浓而"甲海内"，被誉为观赏牡丹之上品。曹州牡丹种植有数百年历史。宋时牡丹以洛阳为多，自明开始，种植中心已移至曹州。发展至今，菏泽已经有上百个品种，数千亩牡丹田，每年谷雨前后，曹州牡丹连阡接陌，艳若蒸霞，蔚为壮观，堪称中华之最。

菏泽的牡丹多集中在地处菏泽市东北角的"曹州牡丹园"，来菏泽不可不去牡丹园。每年谷雨前后，园中盛开的牡丹花，争奇斗艳，五彩缤纷。红的艳若蒸霞，灼灼发光；黑的端庄别致，姿貌绝伦；蓝的素洁淡雅，神

谁不说俺家乡好

∧ 曹州牡丹园

态清秀；粉的妖嫩妩媚，色香兼备；紫的品居中流，华而不俗；白的洁白无瑕，清爽袭人；绿的更是色奇品佳，别具风韵。红、黄、绿、白、黑、蓝、粉、紫八色牡丹竞相开放，各显风姿，一畦畦，一片片，蔚为壮观。牡丹园中有两尊亭亭玉立的汉白玉牡丹仙子，据菏泽人称：这两位牡丹仙子一个叫"葛巾"，一个叫"玉版"。他们和凡人结为伉俪，留下过一段鲜为人知的故事。

菏泽是全世界面积最大、品种最多的牡丹生产基地、科研基地、出口基地和观赏基地。现有栽培面积12万亩，九大色系，十大花型，1237个品种，行销北京、天津、上海、广州、深圳等100多个大中城市，出口日本、法国、加拿大等20多个国家和地区。

2000年，菏泽被中国花卉协会命名为"中国牡丹之乡"。2006年，菏泽被评为"中国牡丹城"。中国书法协会名誉主席、著名书法家舒同曾为菏泽牡丹挥毫题下"曹州牡丹甲天下"。溥杰先生也曾经为菏泽牡丹留下过"天下第一香"的墨宝。菏泽牡丹还曾经被新闻界拍成电视、电影。2012年3月16日，中国花卉协会正式命名菏泽为"中国牡丹之都"。 一年一度的"国际牡丹旅游文化节"是海内外的游客汇聚菏泽赏花的盛会。

第十一节　红色旅游圣地——临沂

　　临沂素称沂蒙山区，是全国著名的革命老区。沂蒙革命根据地历经抗日战争和解放战争两个时期，是全国持续时间最长、影响最大的革命根据地之一。涌现出了同仇敌忾与日本侵略者血战到底的"全国抗日模范村"渊子崖，用乳汁救伤员的"沂蒙红嫂"，无私哺育革命后代的"沂蒙母亲"，支前模范"沂蒙六姐妹"，用肩膀架起火线桥的沂蒙识字班，陈毅担架队等一大批英雄群体。华东革命烈士陵园和孟良崮旅游区被列为全国重点红色景点。近年来，临沂先后建立了沂蒙革命历史纪念馆，修复了新四军军部旧址、山东省政府成立旧址、八路军115师司令部旧址；建立了60多处爱国教育基地。临沂成为山东省红色旅游的核心区，被列为全国30条红色旅游精品线路。

一、沂蒙红色圣地　华夏第一庄园

　　莒南县大店是鲁东南一座历史悠久的文化名镇，位于鲁南临沂莒南县城北15公里处，坐落于陡山脚下、浔河之畔。1941年3月至1945年9月，八路军115师司令部、中共山东分局、山东省战工会曾长期驻扎在这里。1945年8月13日中国共产党的第一个省级政府——山东省政府在这里诞生。刘少奇、罗荣桓、徐向前、朱瑞、黎玉、陈光、萧华、谷牧、谭震林等在这里工作、战斗、生活过，莒南一度成为山东的党政军指挥中心，被誉为山东的"小延安"。

作为当年山东的红色首都，罗荣桓等老一辈革命家在这里指挥 115 师主力部队与日、伪军作战达三年之久，上万次之多，为争取抗战的胜利作出了重要贡献。沂蒙山根据地旅游区以丰富、详实、生动、系统的史料和场景，全面反映了在血与火的革命战争年代老一辈无产阶级革命家带领山东军民进行艰苦卓绝的革命斗争所取得的丰功伟绩，反映了山东军民特别是沂蒙老区人民舍生忘死、参军参战、出夫支前、抢救伤员的一曲曲让人心灵震撼的史诗和凯歌。

大店镇庄氏庄园曾是我国北方地区著名的以堂号为特色的庄园式建筑群体。据史料记载，自明朝万历年间始兴，经过 400 多年的风雨历程，到民国年间，其势力延伸到鲁、苏、豫、皖四省，成为富甲鲁南、名扬全国的豪门大户。家族中先后有 8 名进士、23 名举人、20 名拔贡、8 名留洋生、300 多名为官者，形成明清两代的名门望族。庄氏家族是"洋务"运动的参与者、"五四"运动的支持者中国民族工商业的拓荒者和山东民族工商业的奠基者。

庄氏庄园的建筑基本是大四合院套小四合院，青砖瓦房屋计 5000 余间，面积达 15 平方公里。庄园规模宏大，建筑精致考究，梁柱结构独特，

<八路军 115 师司令部旧址

既具有北方浑厚端庄的建筑特色，又包容了齐鲁建筑儒雅清秀的风韵，不失为中原建筑文化的瑰宝。当年省政府成立时，这些建筑群基本完整。后来由于历史原因和保护不善，只剩下"四余堂"、"居业堂"两个堂号的旧宅。现已对省政府旧址及八路军 115 师司令部旧址进行了全面修复。1991年，庄园被国务院批准为国家级文物保护单位。

二、孟良崮战役纪念地

孟良崮战役纪念地位于蒙阴县和沂南县交界处，相传宋朝杨家军将领孟良曾屯兵于此，故名。1947 年 5 月，华东野战军在陈毅、粟裕的指挥下，在孟良崮一举歼灭了国民党的精锐部队——整编 74 师，击毙该师师长张灵甫，孟良崮由此而名扬海内外。

孟良崮战役纪念碑位于孟良崮山顶，于 1984 年为纪念著名的"孟良崮战役"而建。纪念碑碑高 30 米，由三块状如刺刀的灰色花岗石筑成，象征着野战军、地方军和民兵的武装力量体制。底座为正三棱体组成的枪托，象征着枪杆子里面出政权。枪托的周围是红色围墙，象征着高山下的花环。纪念碑的上下部构成一个有机的整体，象征着军民团结必胜，人民战争必胜。碑的三面分别镌刻着胡耀邦同志、陈毅元帅和粟裕大将的题词或词作。

孟良崮战役纪念馆位于孟良崮烈士陵园内，馆内陈列着中共中央三代领导人毛泽东、邓小平、江泽民的题词和孟良崮战役大型沙盘，战役经过及华东野战军战斗序列表和参战部队的进攻、阻援情况，沂蒙人民踊跃支前的情况，部分英模人物、战斗英雄的事迹等。纪念馆前面是陈毅元帅、粟裕将军侍马而立的大型花岗石雕塑，红色花岗石上镌刻着陈毅元帅的《孟良崮战役》长诗，两位将帅雕像栩栩如生，再现了当年作为孟良崮战役主要指挥者的光辉形象。纪念馆后面是烈士墓地。墓地正中是粟裕将军骨灰

<孟良崮战役遗址

撤放处，其后是烈士英名塔，塔身镌刻着在孟良崮战役中牺牲的 2800 多名烈士的姓名，墓区内掩埋着 2800 多名烈士的遗骨。

昔日刀光剑影的战场，如今已是景色优美的森林旅游胜地。孟良崮经过 30 多年来造林、营林，已形成万亩森林规模，主要树种有松类、刺槐、板栗、赤杨、淡竹、火炬树、五角枫等。林场林草茂密，郁郁葱葱，1992年被国家林业部定为国家级森林公园。

第十二节　枣庄：“鲁南明珠”风光独好

枣庄是山东省的南大门，历史悠久，人杰地灵，风光秀美，富有魅力，素以“江北水乡”、“沂蒙老区”和“鲁南煤城”闻名天下。微山湖湿地是我国最大最美的国家级湖泊类湿地；熊耳山国家地质公园是华夏最长的地震大裂谷；抱犊崮国家森林公园，是最负盛名的天下第一崮；十二万亩“冠

世榴园"，是世界上最大的石榴园。重建的台儿庄古城，围绕着"江北水乡、运河古城、大战故地、时尚生活"的定位，按照"存古、复古、创古"的理念，着力把台儿庄古城打造成为中国第一座二战纪念城市，国内外知名旅游胜地。

一、天下第一庄——台儿庄

台儿庄地处鲁苏交界，400 年前因运河而兴，曾是一座商贾云集、建筑风格独特、文化底蕴深厚的秀美古城，呈现出"一河渔火、十里歌声、夜不罢市"的繁荣景象，有"天下第一庄"之誉。然而 1938 年春发生的台儿庄大战，却将这座古城化为废墟。2008 年，当地政府决定重建台儿庄古城，着力将台儿庄古城打造成为集"文化旅游、休闲旅游"为一体的休闲度假胜地。重建后的古城，成为世界上继华沙、庞贝、丽江之后，第四座重建的古城，成为世界文化遗产中的一颗明珠、一块瑰宝。

台儿庄古城是中国名居建筑的博物馆，台儿庄地处南北过渡带，是运河上重要的"水旱码头"，各路商贾云集于此，带来了不同的文化和信仰，使台儿庄运河文化成为汇集东西南北、融贯古今中外的典型代表。集北方大院、徽派建筑、水乡建筑、闽南建筑、欧式建筑、宗教建筑、岭南建筑、鲁南民居八种建筑风格于一体，汇天主教、基督教、伊斯兰教、佛教、道教世界主要五大宗教及关帝庙、泰山娘娘庙、妈祖庙等中国主要民间信仰的七十二庙宇于一城，形成了千里运河沿线独有的南北交融、中西合璧的鲜明文化特征。

台儿庄古城是运河文化的活化石，拥有京杭运河唯一一处明清时期的水工设施完备、风貌遗存完整的古运河、古驳岸、古码头，唯一能够体现明清运河沿岸居民生活特点的古村庄——纤夫村，是运河申遗最重要的节点之一。

　　　　　　　　　　　　　　　　　　谁不说俺家乡好

∧ 青檀寺

∧ 万亩石榴园

果累累，确为一处使人流连忘返的游览胜地。

园内有青檀寺、一望亭、园中园、权妃墓、三近书院等景点。青檀寺位于峄城万亩石榴园的东部，为古峄县八景之一，曰"青檀秋色"，由主殿、观檀亭、西配殿组成。主殿内塑有三世佛。西配殿内展有书画古玩，为玩味购物之绝好去处。观檀亭位于青檀寺东侧，伫立于此，可见檀根与崖石盘根错落。寺内有一古银杏树，岁逾千年，古意盎然。殿后有岳飞养眼楼，为民族英雄岳飞之疗养处。

石榴园的精华之处是园中园，园中园是石榴园的发祥地，是榴园原始风貌保存最完好的园区。这里三面环山，古木浓荫，曲径通幽，古朴典雅。据记载，汉丞相匡衡当年从皇家禁苑中引来榴种，首先在这里建立品种园，然后以此为基点历经数代不断栽培、发展，逐渐形成今天闻名遐迩的万亩园林。园中园内的大部分石榴树的树龄都在三百年左右，榴树密布，千姿百态，苍劲奇崛，错落有致，依山石溪流的地势而生，形成了曲折蜿蜒之势，是一处独特典雅的组合园林。

三、中国"荷都"—— 微山湖湿地

微山湖湿地红荷旅游区，位于微山湖东北部的滕州市滨湖镇境内，拥

∧微山湖湿地 　　　　　　　　　　　　　　　　　　　　　　　∧微山湖荷花

有久负盛名的万顷红荷，百里芦荡，鸥鹭翔集、碧水白帆，构成了微山湖独有的风韵，素有中国"荷都"之称，被专家誉为华东地区最佳湿地之一。

微山湖湿地旅游区是我国北方地区面积最大、自然生态最原始、景观最美的湖区湿地之一。这里有55公里的湖岸线、丰富的物种资源、十万多亩的野生红荷、数十平方公里的芦苇荡及国内罕见的水上森林，风光旖旎，美不胜收。区内山水辉映、碧水白帆、红荷绿苇、万鸟翱翔，一年四季，如诗如画。春赏微湖碧水、清风梳柳，夏游万顷红荷、苇浪翻波，秋看绿减红瘦、芦荡飞雪，冬观雪映微湖、万鸟翱翔，不仅是体验水乡风韵、感受湿地风情、尽览生态胜景的胜地，也是人们休闲度假的旅游胜地。

公园内已建成红荷广场、红荷精品园、湿地游憩园、休闲度假园、水上娱乐园、百荷诗廊、水上观光、湖岛探幽、湿地漂流、红荷烟雨等50余处景点，使旅游与自然、文化和人类的生存环境融为一体。山东微山湖湿地红荷景区现已被评为国家五A级景区、国家湿地公园、国家级水利风景区、全国环境教育示范基地、全国湿地红荷标准化示范区。

第七章

蓝黄战略交融 山东展翅高飞

在祖国幅员辽阔的版图上，山东半岛酷似一只振翅欲飞的雄鹰，正注视着东方广袤深邃的海洋。经过多年努力，借助绝佳的地理区位优势，山东海洋经济扬帆起航，高歌猛进。辽阔的蓝色国土必将为山东经济提供更加广阔的发展空间。相信不久的将来，一条美丽富饶的蓝色经济带将崛起在山东半岛。

∧ 济南城市地标——泉城广场

我爱山东

第一节　海洋经济扬帆起航

∧ 跨海大桥是助推蓝色经济发展的重大项目

∧ 威海成为声名远播的造船"金三角"

　　"十二五"开局之年，首个国家发展战略落子山东。期待已久的山东半岛蓝色经济区建设正式上升为国家战略，这也是我国第一个以海洋经济为主题、兼顾海陆统筹的区域发展战略。

　　山东半岛是我国最大的半岛，是环渤海地区与长江三角洲地区的重要结合部、黄河流域地区最便捷的出海通道、东北亚经济圈的重要组成部分。山东半岛蓝色经济区规划主体区范围包括山东全部海域和青岛、东营、烟台、潍坊、威海、日照6市及滨州市的无棣、沾化2个沿海县所属陆域，海域面积15.95万平方公里，陆域面积6.4万平方公里。

　　无垠的"海上山东"，既可承载养殖捕捞、远洋渔业、海洋食品等海洋经济第一产业，也可承载海洋装备制造、海洋新能源、生物产业、海洋工程、海洋化工等海洋经济第二产业，更可承载海洋文化旅游、物流、海洋信息服务等海洋经济第三产业，这不仅使传统产业获得了腾挪自如、得心应手的发展新空间，还搭建起了产业与城市发展的新载体，迎来了新兴产业发展的难得机遇。同样借势海洋，半岛7市在产业布局上各有特色：日照打造鲁南临港产业集聚区和钢铁精品基地，潍坊致力创新与高端产业，烟台定位蓝色通道门户，威海深化船舶制造、进军海洋生物，青岛更成为海洋科技的聚集区……

根据《规划》提出的目标，到2015年，山东半岛蓝色经济区现代海洋产业体系基本建立，综合经济实力显著增强，海洋科技自主创新能力大幅提升，海陆生态环境质量明显改善，海洋经济对外开放格局不断完善，率先达到全面建设小康社会的总体要求；到2020年，建成海洋经济发达、产业结构优化、人与自然和谐的蓝色经济区，率先基本实现现代化。

第二节　黄河三角洲掀开历史新篇章

"九曲黄河万里沙，浪淘风簸自天涯"，黄河从青藏高原而下，裹挟九省泥沙奔入渤海，冲积成中国最大的三角洲——黄河三角洲。2009年12月21日，《黄河三角洲高效生态经济区发展规划》获国务院正式批复，由此掀开了黄河史上的新篇章……

黄河三角洲地区地域范围包括东营和滨州两市全部以及与其相毗邻，自然环境条件相似的潍坊北部寒亭区、寿光市、昌邑市，德州乐陵市、庆云县，淄博高青县和烟台莱州市。共涉及6个设区市的19个县（市、区），总面积2.65万平方公里，占全省的六分之一。2006年区内总人口983.9万人，地区生产总值3256亿元，分别约占全省的十分之一和七分之一。

经过多年的开发与保护，黄河三角洲经济社会发展取得巨大成就，生

态建设和环境保护成效显著，已具备发展高效生态经济的良好基础，具有在新的起点上进一步实现科学发展、建设生态文明的优势条件，也孕育着重大机遇和挑战。

东营市是黄河三角洲的中心城市和黄三角高效生态经济区开发建设的主战场。东营的黄河三角洲开发建设将实施三步走战略。第一步，到 2010年，进一步打好基础，快速起步，积蓄力量，拉开大规模开发建设的格局，形成快速崛起之势。在优化结构、提高效益、降低消耗、保护环境的基础上，人均生产总值比 2000 年翻两番。第二步，到 2015 年，构筑起以生态文明为特色的现代产业体系，建成全省重要的先进制造业基地、精细化工基地、区域性交通枢纽和物流中心、休闲度假胜地，形成全省新的经济增长极。第三步，到 2020 年，综合实力大幅提升，人均生产总值比 2010 年再翻一番，全面建成小康社会，基本实现现代化，建成全国最具活力的生态文明示范区。

黄三角城市群的发展对提升整个山东半岛城市群的生态水平、科技含量有着极其重要的意义。以高效生态为主要特征的黄三角，将成为山东省经济发展新的增长点，并改变山东经济大而不强的格局。充分整合海陆资源后的黄三角将成为山东省构建半岛蓝色经济区、连接天津滨海新区、面向东北亚的桥头堡。

东营经济开发区 >

第三节　打造全国重要的"枢纽型城市群"

　　山东《省会城市群经济圈发展规划》和《西部经济隆起带发展规划》的制定，标志着山东"一圈一带"区域发展战略正式启动。

　　加快形成省会城市群经济圈与蓝黄"两区"遥相呼应、与西部经济隆起带紧密衔接、与京津冀和中原经济区联动融合的战略发展态势，对于促进山东省科学发展、和谐发展、率先发展，实现建设经济文化强省新跨越，具有重大的战略意义和现实意义。

　　省会城市群经济圈规划范围包括省会济南及周边的淄博、泰安、莱芜、德州、聊城、滨州，共7市，52个县（市、区），地处山东腹地，位于黄河下游，区位优势明显，生态环境良好，自然资源丰富，在承接产业转移、配置生产要素、拓展经济腹地、提高综合实力等方面享有得天独厚的优势和条件。

　　经济圈区域内，集中了一大批国家和省部级科研机构、大型企业集团总部和企业技术开发中心，研发实力雄厚、创新能力较强；拥有各类高校数量占全省的50%以上。区域内农业发达，工业门类齐全，服务业优势明显。

　　该区域还是齐鲁文化重要发祥地，拥有大量珍贵历史文化遗产和丰富人文自然资源，在文化底蕴上有着突出的竞争优势。周边各市距离核心城市济南均在150公里左右，地理位置相接，人脉文化相通，经济联系密切，构成典型的环状城市群经济圈。

　　当前，国内区域经济一体化步伐加快，省会城市群经济圈内部一体化

发展仍处于启动阶段，区域竞争能力弱，东西部生产力差距有拉大的趋势。《省会城市群经济圈发展规划》的出台，有利于实现相关区域的优势互补，错位发展。按照"一个核心、两个圈层"展开城镇布局，加速城市产业聚集，加快培育增长极，努力建成全国重要的枢纽型城市群。在加速新兴产业规模化、推进先进制造业集群化、促进传统产业基地化同时，充分发挥济南核心城市地位，扎实推进服务业综合改革试点，带动提高区域服务业发展水平。

第四节　西部经济隆起带正在崛起

　　近年来，为了探索山东西部地区科学发展路子，山东省经过深入调研，制定了《西部经济隆起带发展规划》。西部经济隆起带规划范围：枣庄、济宁、临沂、德州、聊城、菏泽6市和泰安市的宁阳县、东平县，共60个县（市、区），面积67179平方公里，人口4481万人，分别占全省的42.8%和46.5%。

　　西部地区人口众多、资源丰富、潜力巨大，是山东省新的经济增长点。建设西部经济隆起带，就是在鲁苏豫皖冀五省交界的长条地带，依托贯穿其中的交通干线和优势资源，以现代农业为基础，以区域性中心城市和重点城镇为骨架，以特色产业为支撑，形成若干发展高地，对周边地区产生聚吸优质生产要素的"海绵"效应和商品流通、产业辐射的"泵压"效应，充分利用后发优势实现科学跨越发展。

　　在山东省实现由大到强战略性转变的关键时期，西部地区发展已经站在新的历史起点上。充分发挥区域战略叠加、优惠政策融合的优势条件，

　　　　　　　　　　　　　　　　　　　　蓝黄战略交融　山东展翅高飞

以条形布局、邻边经济为特征建设西部经济隆起带，形成东与山东半岛蓝色经济区、黄河三角洲高效生态经济区两大国家战略遥相呼应，中与省会城市群经济圈紧密衔接，外与京津冀、长三角和中原经济区合作联动的战略发展格局，促进东部率先发展、中部融合对接、西部加快隆起，对于建设经济文化强省、提前全面建成小康社会具有重要的现实意义。

西部地区要充分依托现有资源和有利条件，发挥优势，突出特色，巩固扩大现代农业优势，建设具有较强竞争力的特色产业基地。高水平建设优质农产品生产加工、现代能源化工、有色金属深加工、商贸物流和文化旅游等产业基地，发展壮大装备制造、医药、新材料等优势产业集群。建设生态良好的美丽新西部，发挥西部地区湖泊、河流、水库、湿地、森林等生态资源多样化的优势，加大生态修复、整治与保护力度，实施南水北调干线、黄河、沂沭河、环南四湖、环东平湖等重大生态保护工程，实现经济社会发展和生态环境保护的有机统一，走出一条特色鲜明、优势彰显、高地带动、整体隆起的发展之路，使西部地区成为山东经济发展新引擎，在经济文化强省建设中发挥更大作用。

< 临沂坐拥全国最大的市场集群，
被誉为"物流之都，商贸名城"

我爱山东